特许加盟创业管理要领

赵明晓　著

延边大学出版社

图书在版编目（CIP）数据

特许加盟创业管理要领 / 赵明晓著. -- 延吉：
延边大学出版社，2022.8

ISBN 978-7-230-03771-6

Ⅰ．①特… Ⅱ．①赵… Ⅲ．①连锁店－特许经营
Ⅳ．①F717.6

中国版本图书馆CIP数据核字(2022)第160538号

特许加盟创业管理要领

著　　者：赵明晓

责任编辑：李鹏飞

封面设计：文　亮

出版发行：延边大学出版社

社　　址：吉林省延吉市公园路 977 号　　　邮　编：133002

网　　址：http：//www. ydcbs. com　　　E-mail：ydcbs@ydcbs. com

电　　话：0433-2732435　　　传　真：0433-2732434

印　　刷：廊坊市广阳区九洲印刷厂

开　　本：787 毫米 ×1092 毫米　1/16

印　　张：8.5

字　　数：200 千字

版　　次：2022 年 8 月第 1 版

印　　次：2022 年 9 月第 1 次印刷

书　　号：ISBN 978-7-230-03771-6

定　　价：68.00 元

前　言

特许加盟因为具有"企业可以更快地完成规模扩张和投资人可以以较低风险创业"的双重优势，自20世纪90年代起在我国得到了空前的发展，目前已经成功覆盖了几乎所有的零售、服务行业，涵盖了几乎所有的国际知名零售、服务品牌。特许加盟一个好的品牌能帮助创业者解决在创业这条路上遇到的各种各样的问题。

随着我国经济的蓬勃发展和城镇化的加速推进，越来越多在一、二线城市学习、工作过的年轻人，希冀返回家乡大展拳脚，带回品质更优、形态更为多元的产品与服务回馈家乡；国家也重申了"双创（即大众创业、万众创新）"的重要作用。2020年1月到5月，国务院及各部门共出台22份与"双创"有关的政策措施，鼓励和促进大学生、农民工等群体创业、创新。在国家政策扶持和国内内需扩大的共同加持下，特许加盟创业备受关注，行业发展充满潜力。如何借助数字经济的发展机遇，助力被特许人（即加盟商）实现更大范围的品牌覆盖与更高效的业务拓展，成为整个行业关注的重点。

为帮助更多创业者充分了解特许加盟行业的发展需求，掌握特许加盟创业的基本要领，了解特许加盟创业的选择和运营，特著本书。本书从被特许人的角度出发，力求从知识到方法，给予被特许人全程、全方位指导。全书共九章，九字要领串联全书：断、备、懂、选、签、筹、建、尽、升，指导被特许人完成"特许加盟前的判断和选择、特许加盟中的学习和准备、特许加盟后的经营与合作"。

本书在编写过程中参考了大量相关著作、论文和网络资料，在此谨向所有作者表示感谢！由于作者水平有限，本书还存在诸多不足之处，敬请各位读者批评指正。

赵明晓

2021.8

目　录

第一部分　特许加盟前

足不强则迹不远，锋不铦，则割不深。

——王充《论衡·卷十三·超奇篇》

第一章　断——特许加盟资质

随着经济的蓬勃发展和城镇化的加速推进，越来越多在一、二线城市学习、工作过的年轻人，希望返回家乡大展拳脚，通过特许加盟模式，实现自己的创业梦，用品质更优、形态更为多元的产品与服务回馈家乡。

我们鼓励年轻人创业，鼓励更多的人通过特许加盟模式创业。但同时，我们也要冷静地问一句，你适合创业吗？你适合特许加盟创业吗？企业家一定就是优秀的创业者吗？

合适的才是最好的，职业选择也是这样。个性特点要与职业选择相匹配。所谓行行出状元，其实是最适合的人做了最合适的工作，将其能力发挥到极致，才最终成为自己行业的"状元"。

特许加盟是一种创业行为，它与求职应聘的就业方式不同，是个人作为所有人经营管理加盟店的投资创业活动。相比自己创业，特许加盟相对容易，但特许加盟不仅需要创业者具备充足的资金，更需要创业者有时间、精力、经验，特别是一定的专业技能和管理能力，而且还要有承受失败的能力。

一、适合特许加盟创业的个性特点

人们常说性格决定成败，其实是说性格决定做事方式，而做事方式正确与否又关乎事业成败。如果一个人的做事方式与其选择的行业或职业不吻合，很容易导致失败。如果创业者本身有着强烈的创业愿望，积极乐观的态度，极强的抗压能力和卓越的行动力，那么他创业成功的概率会更高。

（一）强烈的创业愿望

每个人可能都会有创业的想法，但并不是每个人都能付诸实践。只有那些愿望强烈、渴望改变生活现状，或者想挑战自己的人，才会走上创业之路；并且在创业遇到困难的时候坚持下来，竭尽所能，一往无前。

（二）较强的行动力

行动力即执行力，它意味着目标一旦确定就义无反顾地执行，而且不惧困难；行动力还代表不拖沓的做事风格。在创业经营中，创业者面对的是瞬息万变的市场环境，得有决断力和立即行动的魄力。在实际加盟过程中，加盟店①需要逐项快速落实，迅速开展，才能一步步步入正轨、一步步取得成效。如果在这个过程中，作为火车头的创业者不能一声长鸣，隆隆前进，后面的车厢也只能原地待命。

有些人天生"优柔寡断"，遇事总是思前想后、犹犹豫豫，或者不到最后不着急，通常都会坐失良机或者在拖沓中失去了最初的激情。当然，较强的行动力不是指遇事不思考地蛮干、快干，而是当机立断，立即行动。

（三）面对压力的承受力

创业是投资行为，投资有风险，而且风险和收益是正相关的。创业者一定要明白，并不是特许加盟优质的企业就一定能一帆风顺，没有百分之百的成功。创业过程可能像坐过山车一样，有高潮就有低谷，创业者要面临各种艰难和压力。在特许加盟之初，创业者首先要有承受失败的能力，其次要有面对各种压力不退缩的决心和面对质疑勇往直前的精神。

（四）对复杂市场的判断力

领头人和跟随者最大的区别就是领头人有判断力和决策力。领头人要独立面对纷繁的市场环境，要有洞若观火的本事，更要有敏锐的市场洞察力，能通过厘清复杂的关系网，找到事物发展的规律，正确判断市场发展走向，做出准确的判断。

判断力既是一种能力，又是一种天赋。判断力的基础是经验的积累和知识的储备，所以创业者要有一定的工作经验，要对行业有一定的了解。在生活中，创业者要有意识地锻炼判断力，要学会全方位地了解事物，仔细观察事物的形成过程，这样才能对事物的发展趋势做出准确的判断。

以上是优秀创业者的共性特点，而被特许人除了要具备这些基本特点外，还应该有独特的个性特点。

（五）认同并能遵照执行的能力

特许加盟不同于独立创业，它是被特许人②利用特许人③的成熟经验、技能开展的经营活动。在经营过程中，被特许人要按照特许加盟合同的要求，在特许人（特许加盟总部）的统一培训指导下开展经营活动。

---

① 加盟店是指在特许经营中，被特许人获得特许人授权后，使用其经营模式、注册商标、企业标志、专利、专有技术等经营资源建立的店铺。

② 被特许人也称加盟商，是指获得特许人授权，使用其经营模式、注册商标、企业标志、专利、专有技术等经营资源从事经营活动的个人、企业或其他组织。

③ 特许人又称特许商，拥有可授予他人使用的经营模式、注册商标、企业标志、专利、专有技术等经营资源并授予他人使用的企业。

越是成熟的特许人，越是有完善的经营体系和独特的经营诀窍，被特许人"遵守和照做"显得格外重要。在特许加盟中，最忌讳的就是被特许人想摆脱特许人的经营模式，不断"创新"经营行为，这会破坏特许加盟的合同关系。在第三代数字化特许加盟模式中，加盟店的管理将更多地依靠总部的数字化系统，趋向于总部直营化管理，被特许人参与管理的复杂程度进一步降低。

认同特许加盟企业的文化和经营模式，懂得特许加盟规则，明白什么能做、什么不能做，也是被特许人应该具备的特质。

（六）善于沟通与合作

特许加盟行为是被特许人与特许人不断合作、沟通的过程。在特许加盟企业运营中，被特许人还要与员工不断沟通、合作；在特许加盟企业的发展过程中，被特许人与市场、顾客之间更需要沟通、合作。所以，被特许人一定要善于沟通与合作。

在加盟店的运营过程中，不是说遵照总部的指导从事经营活动，被特许人就可以做个不动脑筋的机器人。成功的被特许人在执行总部的决策时，要把自己的经营技巧灵活地运用到经营活动中，善于将自己的思路反馈给总部，分享给合作人[①]，传达给员工，重视合作共赢，学会沟通。

二、特许加盟运营所需的能力

特许加盟某个项目后，被特许人就是该特许加盟项目的责任人。被特许人需要在总部的指导下，承担起整个活动的运营工作。无论特许加盟项目是大是小，运营活动都是综合性管理活动，包括计划、组织、协调和控制，需要对人、财、物进行综合管理。

（一）综合协调能力

面对综合性的管理活动，被特许人需要具备的最重要的能力就是综合协调能力。

第一，提高工作效率，善于利用时间对创业者来说非常重要。被特许人要较好地协调自己的时间，要将工作时间与休息时间协调好；要善于找到自己的最佳工作时间，将其用来处理最棘手、最耗费精力的工作；还要善于利用点滴时间处理零碎事情。要做好这些工作，最好的办法是计划和记录，将事情记录在记事本上，防止忘记和无序工作。

第二，被特许人要较好地协调各项工作，按照事情的轻重缓急处理各项工作。协调工作，最好的办法是利用二八定律，即帕累托法则。在任何一组活动中，最重要的事情只占其中一小部分，约20%，其余80%尽管是多数，却是次要的、常规性的工作。

---

① 合伙人是指投资组成合伙企业，参与合伙经营的组织和个人，是合伙企业的主体。

在时间精力有限的情况下，将次要的不太重要的事情交给他人完成，被特许人只需控制最后的结果即可。这样，被特许人就有精力去处理那20%重要的事情。

第三，被特许人还要综合协调各种关系，包括被特许人与总部的关系、与员工的关系，特别是和顾客、社会的关系。作为一个独立的法人单位，被特许人每天都要和各种人打交道。

被特许人首先要处理好和总部的关系。被特许人与总部之间既是特许加盟关系，又是合作关系，也是管理与被管理的关系。在门店的运营规则、商品品质的管理上，加盟店要听从总部管理，按照总部的统一要求完成标准化操作。同时，被特许人又要合理地提出自己的建议，遇到困难要及时提出来，以便得到总部的有效帮助；在问题没能得到解决的时候，被特许人要不退缩、据理力争，有能力保护自己的权益。

被特许人要有一定的客户关系管理能力。加盟店和顾客建立良好的关系有助于树立良好口碑，促进特许加盟项目效益的提升。

在客户关系管理中，我们需要遵循三个原则：

及时原则：对投诉及时做出反应，并在规定时间内进行有效处理；不能及时处理的应及时跟进后续处理结果，并及时告知顾客。

诚信原则：注重承诺和契约，言出必行；处理结果应以能够公之于众为标准；为保证贯彻诚信原则，应注意不承诺能力以外的事情，不轻易承诺结果。

专业原则：以专业标准要求自己，尊重顾客；协调专业部门从专业角度处理问题，做到实事求是、有根有据，积极维护加盟店的形象。

被特许人要正确处理自己与员工之间的关系。被特许人与员工之间是雇佣关系、合作关系和管理与被管理的关系。雇佣关系要求被特许人提供合理的薪酬、保险，员工的权益要得到保障，被特许人不能因为追求自己的小利益而损害员工的合法权益。中国连锁经营协会倡导"与人合作、与人分享"。在特许加盟项目取得显著收益时，能和员工一起分享，才能使员工尽心尽力地做好服务工作，也许这才是处理好二者关系的根本原则——合作与分享。"管理与被管理"也是被特许人与员工之间很重要的关系，被特许人应该对员工的工作绩效负责，有传授、指导、监控和考评的责任，这是管理者对被管理者应该负有的责任。

（二）人员管理能力

事业成功的关键在于人。在特许加盟项目管理中，对被特许人挑战最大的是员工管理工作。因岗选人、正确用人、合理的激励政策是挖掘员工潜力、激发员工活力的关键，也是促使其提升业绩的基础。做好人的工作，一是要有"好人缘"，二是要有好办法。越是小团队，就越需要"领头羊"的个人魅力和言传身教。

说到好人缘，与人相处是门学问。被特许人无论是否有与人合作的经历，都要和别人愉快合作；愿意接受他人的意见，在大家意见不一致时能虚心听取别人的观点；正确评价他人，而不是加入自己的好恶……这些是"人员管理"需要具备的基本素质。讲到好办法，被特许人需要具备一定的专业知识，具有一定的管理方法。

1. 把好招聘关

企业招人容易，招合适的人难，这是大多数人力资源经理的心声。鞋子合不合适只有脚知道，在招聘中要想真正招到满意的员工，合适才是硬道理，没必要盲目追求学历、资历。

一定要清楚所招聘岗位最需要的员工的特质是什么，明确员工都需要完成哪些工作，对员工具体工作的要求是什么。用人单位只有明确招聘岗位的真正需求，才能做出准确判断；在招聘中，让应聘者了解明确的用人需求，也是对应聘者负责。招聘是个双向选择的过程，双方都要慎重，这样才能获得成功。

招聘市场的新手或者特许加盟项目的新手，应多向总部请教、多向其他被特许人请教，以便招聘到合适的员工，经过培训后顺利上岗。

2. 学会激励员工

用人需遵循"用人不疑、疑人不用"，这是信任员工的表现，信任本身就是激励。管理者一旦选择了员工，就要给员工提供足够的工作空间和信任，让员工独立解决问题。这样既可以有效锻炼员工，也可使管理者从纷繁复杂的事务性工作中抽身，有精力去完成更重要的事情。

用人需要权责对等，即每个员工的岗位职责与赋予的权利对等。权利大于责任就会使员工滥用职权，权利小于责任又会出现工作无法完成的现象。

员工需要用心培养。用心培养员工，不仅是对员工的责任，更是能发挥员工效能的有效手段。

尽量不要用有限的成本满足员工无限的物质需求。忌总是用物质激励员工，这样的激励方式只会让员工胃口越来越大。激励要因人而异，需要的才是最好的。

3. 有效留人

近几年，人才流失是零售服务业的大问题。留不住人，刚培养的成手离职了，极大地浪费了成本。留不住人，可能是薪酬不吸引人，也可能是工作环境不吸引人，更有可能是工作前景不激励人。

留人，要制定合理的薪酬体系，适当回馈员工。近几年，合伙制的用人方式得到了业界的一致认可，缓解了员工薪酬与企业发展之间的矛盾。

留人，要营造良好的工作环境和氛围，包括宽松的工作环境、和谐的团队、家一般的企业文化等，这些都是当下年轻人越来越看重的工作因素。所以，很多企业增加了生日会、节日晚会等越来越多的具有仪式感的活动，其本质是为了增强团队凝聚力，增加员工归属感。

留人，要给员工足够的成长空间。员工更看重工作给自己带来的成长，所以企业要给员工提供成长的空间和成长所需的帮助。这既是企业成长的必备要素，也是留住员工的关键。员工只有看到未来，才愿意与企业一起奔向未来。

（三）学习与提升的能力

做任何事情，都是从不会到会再到熟练运用的过程，这是一个学习与实践的过程。在特许加盟经营过程中，被特许人要有更高的学习与提升的能力，这样才能教会并带领团队顺利地进行特许加盟项目的运营。

新时代，互联网、大数据、云计算等新技术层出不穷。为了更好地适应市场的快速变化，每个人尤其是每个创业者都要不断学习、提升自己的能力。

今天我们要构建学习型社会，要培养学习型人才，提倡终身学习，其实都是要最大限度地发挥每个人的价值。

1. 培养学习习惯

学习是种习惯，需要日常积累，不能一蹴而就。作为创业者和管理者，需要学习的东西很多，这就需要我们在实践中有意识地学习。

如果你没有好的学习习惯，甚至不愿意学习，不肯拿出时间学习，认为"只要干活"就行，那么你将无法做好未来的经营工作。因为一旦特许加盟了某个行业，你的身份和角色都发生了转变，每天的学习必不可少。

2. 善于捕捉学习信息

学习的方法有很多。因为工作需要而有意识地专门学习，是一种常见的学习方法。生活中处处皆学问，随时随地地学习也是一种能力，在工作生活中要善于发现学习信息。你是不是善于向别人学习？你是不是对很多事物都有着强烈的好奇心？你是不是愿意通过学习来提升自己？这些都在一定程度上反映了你的学习能力。

这种能力需要有意识地培养，只有自己想不断地成长，对自己有更高的要求，才会在日常工作生活中随时学习，随时发现问题，有意识地去查漏补缺。

3. 掌握一定的学习方法

学习效果的好坏，和学习方法的正确与否息息相关。通过以往的学习经历，判断一下自己的学习方法是否过关。当然，能够发现自己在哪方面最擅长，也是提高自己学习能力的好方法。理论联系实践、在实践中学习、向专家学者学习都是很好的学习方法。

三、个人精力充沛才能完成特许加盟业务

一旦特许加盟某个项目，就意味着你要投资、创业，意味着要放弃闲适的生活。

可能在很长的一段时间内，你都要放弃休息时间全力以赴，你真的做好准备了？

（一）全力以赴，为选择而努力

特许加盟企业对被特许人的要求一般是"全程参与，亲力亲为"。特许人一般不愿选择"只投资、不投力"的被特许人。因为这样的被特许人没有精力去经营新的特许加盟项目，通常会聘用"店长"全权负责，或者托管；而店长（或托管人）一般没有能力去完成特许加盟事业，或者因为只是被雇佣者而不能真正地从所有者的角度去思考。

被特许人要全力以赴，为选择而努力，将特许加盟项目当成一份事业去拼搏，全程参与。全力以赴，首先要克服懒惰的毛病，凡事要勤思考、勤动手、勤交流；全力以赴，要竭尽所能；全力以赴，就是不惧困难，在困难面前不退缩，办法总比困难多，相信一定能攻克难关，迎来更好的一片天地。

（二）家庭支持，无后顾之忧

被特许人在决定进行特许加盟创业时，首先要征得家人的同意。家人是最了解你的人，知道你是否适合特许加盟创业，能帮助你选择更适合的特许加盟项目，更能帮你评估特许加盟项目的可行性。

在特许加盟过程中，你会遇到很多困难，家人的支持能帮助你顺利渡过难关。家人往往是你特许加盟资金的赞助人或特许加盟项目的合伙人，你在筹资时，第一笔资金往往来自家人的支持；在特许加盟创业中，如果没有家人的理解，可能会无端增加许多烦恼，让你分心而不能集中精力工作。特许加盟中遇到的各种困难，往往会让你不堪重负；这时，家是最好的避难所和重整旗鼓的地方，温暖的家能帮助你顺利渡过难关，尽快投入新的工作。

家人的支持很重要，如果创业之初得不到家人的理解和支持，千万不要急躁，要耐心地和家人沟通，并将自己做好的"功课"详细介绍给家人，包括你准备的资金、对特许加盟项目的了解和特许加盟后的计划书等，让家人看到你的决心，知道你不是意气用事。只要你的选择是深思熟虑之后的结果，家人一定会理解你，即使不完全支持，但至少不会阻止你的决定。

（三）身体健康，有风险承受能力

身体是革命的本钱，身体健康也是选择更具挑战性的事业的基础。所以，身体条件也是我们在选择特许加盟前必须要考虑的问题。前面我们提到，在加盟后的很长一段时间内，被特许人可能都没有时间休息，需要投入大量的体力和精力，没有健康的身体可能不会顺利完成高强度的工作，往往"有心无力"。被特许人还要有较高的心理承受能力，明白特许加盟不可能一帆风顺，要有良好的心态面对特许加盟中遇到的困难甚至是失败。

自我测试一下，看看你是不是合适的"特许加盟创业者"。

下面有20道测试选择题，请选择最接近自己的选项，全部完成后再对比最后的评分标准，看看现在的你是否适合做被特许人。

请注意，这是要求您选择自己的真实想法和做法，而不是问您哪个答案最正确，备选项目也没有好坏之分。不要猜测哪个答案是"正确"的或哪个答案是"错误"的，以免测验结果失真。

计分标准：选 a 得 1 分；选 b 得 2 分；选 c 得 3 分；选 d 得 4 分。

1. 你的年龄？

 a. 25 岁以下或 55 岁以上 b. 45～55 岁 c. 25～35 岁 d. 35～45 岁

2. 你对体面的生活感兴趣吗？

 a. 当然，买的彩票中一次大奖就行。

 b. 不知道，我觉得现在活得就很舒服。

 c. 当然，只要不用工作得太辛苦就行。

 d. 我的机缘无限，肯定能通过自己的努力实现理想。

3. 你明确自己的目标，并且准备坚持完成吗？

 a. 我没有制定目标的习惯，有没有无所谓。

 b. 我以前没试过。不过，如果你告诉我怎么做，我愿意试试。

 c. 是的，我的目标就是通过投资创业，至于是自己独立创业还是加盟一个品牌还没想好。

 d. 我的目标是通过加盟一个好的品牌在我喜欢的行业成就自己的事业，要不然我投资做什么。

4. 驱使你通过加盟成就自己事业的动力有多强？

 a. 我必须独立经营管理吗？我投资找别人经营行吗？

 b. 不太确定，让我想一想。

 c. 如果我专心去做，我的加盟店成功只是时间问题。

 d. 我有能力通过加盟一个好的品牌成为一名成功者。

5. 你是否有足够的精力和体力去适应日复一日，甚至没有节假日的经营活动？

a. 什么？做了投资人还得努力亲自经营加盟的项目？

b. OK，只要能在周末和晚上休息就行。

c. 当然，我不在乎劳累，只要有钱赚。

d. 当然，为了自己的事业成功我不惜任何代价。

6. 你有足够的资金帮你渡过加盟的困难时期吗？

a. 我加盟的项目开始经营后，每个月的收入首先得还贷款（还债）呢！

b. 我最多能坚持 3 个月的困难期。

c. 我预留了至少半年的流动资金，够吗？

d. 我在其他方面还有投资和收入，资金不是问题。

7. 你的亲朋好友支持你吗？

a. 我想加盟后再跟他们说比较好。

b. 这一点我不太清楚。

c. 只要能让我高兴，他们都会支持我。

d. 他们会与我共进退，他们将是我创业计划的一部分。

8. 你的个人意志有多强？

a. 我不喜欢这个问题，它让我紧张。

b. 我自认为很坚强，只要外界的干扰不是很大。

c. 我坚信我的自我价值和我创造、把握机会的能力。

d. 坚如磐石，我就是自尊、自信、自强的化身。

9. 你认为排除前进道路上的阻碍，努力完成任务是乐趣吗？

a. 有些事情可能永远也完不成。

b. 哪有什么真正完成了的任务。

c. 虽然有时会直接避免障碍免得造成麻烦，但通常是这么认为。

d. 我一贯这么想，也这么做。

10. 你喜欢解决问题吗？

a. 不，我讨厌有问题。

b. 特许商不是应该为我解决问题吗?

c. 是, 我喜欢尝试解决各种问题。

d. 是, 解决问题能力强是我最大的优势。

11. 在急需做出决策的时候, 你是否经常想: 再让我仔细考虑一下吧?

a. 经常　　　　b. 有时　　　　c. 很少　　　　d. 从不

12. 你在决定重要的计划时经常忽视其后果吗?

a. 经常　　　　b. 有时　　　　c. 很少　　　　d. 从不

13. 你是否因不愿做艰苦的事情而找过各种借口?

a. 经常　　　　b. 有时　　　　c. 很少　　　　d. 从不

14. 你是否为避免冒犯某个或某几个有相当实力的客户而有意回避一些关键性的问题, 甚至表现得曲意逢迎呢?

a. 经常　　　　b. 有时　　　　c. 很少　　　　d. 从不

15. 你是否无论遇到什么紧急情况, 都习惯先处理琐碎的、容易做的日常事务?

a. 经常　　　　b. 有时　　　　c. 很少　　　　d. 从不

16. 你是否常来不及躲避或预防困难情形的发生?

a. 经常　　　　b. 有时　　　　c. 很少　　　　d. 从不

17. 你是否有较强的心理承受能力去接受可能出现的挫折和失败?

a. 加盟了还会有失败, 特许商是不是应该弥补我的损失啊?

b. 没经历过, 到时候才知道。

c. 暂时的挫折我想还是能承受的, 只要最终能赚钱。

d. 投资嘛, 收益与风险总是相伴的, 只要我尽力了就无怨无悔。

18. 你喜欢与人交往吗?

a. 我不太擅长与人交往。

b. 我与人交往比较被动, 一般与熟悉的人交往多。

c. 我性格外向喜欢与人交往, 只要是不讨厌的人。

d. 是, 我擅长与各种不同背景、不同文化层次的人打交道。

19. 你喜欢与人共事吗?

    a. 我只想一个人干!

    b. 是的, 和训练有素的人一起工作能提高效率。

    c. 没错, 不过不同的人要不同对待。

    d. 正是因为和别人一起融洽共事才让工作变得有趣。

20. 你喜欢让别人替你做自己不愿做的事吗?

    a. 经常   b. 有时   c. 很少   d. 从不

如确定是认真填写, 请参考下面的标准:

1. 40分以下说明你的个人素质与被特许人／创业者相去甚远, 打工也许更适合你;

2. 40~49分, 说明你不算勤勉, 应彻底改变拖沓、低效率的缺点, 否则创业只是一句空话;

3. 50~59分, 说明你在大多数情形下充满自信, 但有时犹豫不决, 不过没关系, 有时候犹豫也是一种成熟稳重和深思熟虑的表现;

4. 60~80分, 说明你会是一个高效率的经营管理者, 更会是一个成功的被特许人, 你还在等什么呢?

完成测试, 大家可以根据给出的标准, 看一下自己是否适合特许加盟创业。

第二章　备——特许加盟条件

凡事预则立, 不预则废, 机会留给有准备的人。不为明天做准备的被特许人, 永远不会有好项目从天上掉下来。特许加盟创业对大多人而言都是一件大事, 充足的准备必不可少。充足的准备在一定程度上是成功加盟的重要条件。勇于开始, 才能找到成功的路。

一、具备一定的特许加盟知识

(一) 加盟

1. 特许加盟的概念

特许加盟就是加盟连锁总公司与加盟店二者之间持续契约的关系。根据契约, 加盟连锁总公司必须提供一项独特的商业特权，并在人员培训、组织结构、经营管理、商品供销等方面无条件协助加盟店。而加盟店也需支付相应的费用。

2. 特许加盟的基本特点

有一个特许权拥有者，即加盟连锁的盟主。

盟主拥有特许权，也被称为特许人。

盟主和被特许人以合同为主要联结纽带。

被特许人对其店铺拥有所有权，店铺经营者是店铺的主人。

被特许人必须完全按照总部的一系列规定进行经营，自己没有经营自主权。

总部有义务教给被特许人包括信息、知识、技术等在内的一整套经营系统，同时授予加盟店在一定区域内对店名、商号、商标、服务标记等的垄断使用权，并在合同期内不断进行经营指导。

被特许人要向特许人交付一定的费用，通常包括一次性加盟费、销售额或毛利提成等。

特许人和被特许人之间是纵向关系，各被特许人之间无横向关系。

3. 被特许人

又称加盟商，指的是在特许加盟的模式下，接受总部的品牌与技术指导的一方。我国的特许加盟行业分为紧密型和松散型，所对应的责任也不同。

4. 特许人

特许人又称特许者或特许经营授权商，是指在特许经营活动中，将自己所拥有的知识产权，如商标、商号、产品、专利和专有技术、经营模式及其他营业标志，授予被特许人使用的人。

（1）特许人应当具备的基本条件

① 拥有一个有良好信誉的注册商标和商号，或者拥有专利、独有的产品技术等经营资源；

② 有成功的单店管理经验并容易被复制；

③ 产品和经营模式有良好的获利能力；

④ 有稳定的、品质保证的物品供应系统；

⑤ 有确保特许经营体系正常运转的管理及支持系统。

（2）特许人的权利

① 特许人在授予特许权的过程中，有权向被特许人收取必要的费用，包括特许加盟费、广告促销费、特许权使用费、店址评估费、教育培训费、设备及固定设施的租用费等。

② 特许人在授予特许权后，为维护企业形象和声誉，有权对被特许人提出必要的营业标准和要求。其中包括：

为确保特许体系的统一性和产品、服务质量的一致性，有权对被特许人的经营活动进行监督；

有权在任何时候查阅、评估会计记录；

有权要求被特许人使用统一的全国性广告，被特许人要接受特许人对地方性广告的控制；

有权要求被特许人从统一的供货商处取得资源供应；

有权要求被特许人接受特许人的员工培训方案。

③ 特许人为实现总体经营战略目标，有权要求被特许人按要求对经营场所进行选择；有权规定统一的营业时间，有权对被特许人进行不定期的业务检查并提出整改措施。

④ 特许人有权对特定区域提出限额条件；有权制定统一的价格政策、确定建议价格或限定最高价格，在执行统一的价格政策的基础上，能够根据当地市场条件调整价格，使价格更符合市场的供求关系；当被特许人出售特许店时，特许人有权购回分店和存货。

⑤ 对违反特许经营合同的规定：对于侵犯或损害特许人合法权益、破坏特许体系的行为，特许人有权根据特许合约终止被特许人的特许经营资格。

（3）特许人的义务

将合同中规定的商标、服务标志、经营理念、生产加工技术、经营诀窍、管理技术等特许权授予被特许人使用，并对上述内容给出明确规定，履行承诺。

向被特许人提供开业前期及后续业务的技术指导。

对被特许人进行信息披露，确保被特许人在与特许人达成特许经营合同前，对特许经营体系有一定的了解。

维护品牌效益，特许人与被特许人是合作者，一荣俱荣，一损俱损。特许人手中握有更多的资源，应利用手中的资源进行一系列的运作去维护品牌的形象和价值。

向被特许人提供商品或原材料进货渠道信息或直接为被特许人提供商品或原材料，确保被特许人的业务顺利开展和商品采购质量。

为被特许人提供广告策划和促销服务，一方面使被特许人享有特许人的广告宣传，另一方面也使特许经营体系保持统一。

编写企业运营手册，并提供给被特许人，以确保企业规范运作和有序发展。

对商号、商标进行保护，若出现被特许人盗用特许人商标进行经营活动的情况，特许人有义务对此行为进行制止。

（二）特许加盟

1. 特许加盟的概念

拥有技术和管理经验的总部，指导传授加盟店各项经营的技术经验，并收取一定比例的权利金及指导费，此种关系即为特许加盟。特许加盟是特许人与被特许人之间的一种契约关系。根据契约，特许人向被特许人提供独特的商业经营特许权，特许人将商标及其他标识授予被特许人使用，特许加盟总部必须拥有一套完整有效的运作技术，从而转移指导，让加盟店能很快地运作，并从中获取利益。

在特许权或加盟权的合约中，明确规定了特许人和被特许人的权利义务，特许人必须为被特许人提供经营咨询、协助促销、资金融通及其他各种优惠措施。通俗地讲，特许加盟是特许方拓展业务、销售商品和服务的一种营业模式。

2. 特许加盟的特征

特许加盟是利用自己的品牌、专有技术、经营管理模式等与他人的资本相结合来扩大经营规模的一种商业模式。对特许人来说，特许加盟是技术和品牌价值的扩张、经营模式的克隆而不是资本的扩张。

特许加盟是一种双赢的商业模式。只有让特许人获得比其独立经营更有效率的发展，让被特许人获得比其独立经营更多的利益，特许加盟才能进行下去。

特许加盟是一种智能的商业组织形式。特许加盟使特许人能够最充分地组合、利用自身的优势，并最大限度地吸纳广泛的社会资源，被特许人则降低了创业风险和时间、资金等创业成本。

3. 特许加盟的优势

由于被特许人可以直接使用总部的品牌、商标、经营管理技术，比起自己独自创业，无论在时间上、资金上还是在精神上都减轻了不少负担，对于完全没有经验的人来说，可以在较短的时间内入行。

为了提高整个加盟连锁企业的商誉，总部会随时开发具有独创性、高附加价值的商品以产品差别化来领先于竞争对手，加盟店不必自设开发部门。

由于总部统筹处理促销、进货乃至会计事务等，所以加盟店能心无旁骛地致力于销售工作。

加盟店承袭了连锁系统的商誉，等于给顾客吃下了定心丸。有了总部的品牌，顾客对新开张的店或是不熟悉的店都会有亲切感。甚至被特许人担心的语言障碍、生活习惯等问题，都可以因同一品牌而受到维护。

如果自己创业，那么购买商品、原材料等都可能有种种困难，而加盟店则因总部大规模生产及订制，甚至连设备、餐桌椅、杂项装备等都可以以较低的价格买进。

开张前的培训等工作，都可以由总部协助完成，开张后还会有人定期来做各项指导。

独自创业，如果出现竞争对手，创业者只能孤军奋战，加盟店则有总部为后盾，可以作为支援。

独自创业，创业者必须自己决定开店场所，对该地点的好坏往往没有信心；加盟店则可以由总部做落地条件评估，甚至由总部帮忙选址。

由于总部随时可以对周围的环境做市场调查，包括顾客形态、消费倾向的改变等，所以加盟店能及早采取对应措施。

加盟店的成功就是总部的成功，也等于帮助总部拓展市场，因此总部对业绩好的加盟店还有额外奖励与福利。

二、筹备一定的特许加盟资金

（一）特许加盟创业中主要投入的资金

在特许加盟活动中，被特许人主要投入的资金除正常的创业经费外，还包括特许加盟的相关费用，这些费用在本质上是对特许人授予特许权的报酬。

1. 加盟费

加盟费是特许加盟的初始费用，是特许人将特许经营权授予被特许人时收取的一次性费用。它体现了特许权的价值，即特许人所拥有的品牌、专利、经营技术、运营诀窍、经营模式、商誉等无形资产的价值。加盟费也代表了特许人的招募成本以及未来的收益预期。

加盟费收取多少，各个企业不一样，有的可能要几百万，有的可能只要几千块，当然还有不收加盟费的。加盟费一般占被特许人全部投资额的 5% ～ 10% 较为合理。通常，加盟费的多少取决于三个因素，一是特许权的开发成本及市场价格，二是特许权授予的区域价值，三是特许权授予的时间价值。加盟费通常是在签订特许加盟合同的时候一次性收取的，很少一部分是平均分摊到加盟期限内，按年收取的。

2. 特许经营权使用费

特许经营权使用费通常也称管理费、权益金，它体现的是特许人在特许经营合同期内向被特许人提供的持续支持和指导的价值。特许经营体系不同，特许经营权使用费也不同。有的企业的特许经营权使用费可能占加盟店每月营业收入的 10% 以上，有的企业则可能只占百分之几。特许经营权使用费通常按期支付，可以按年交、季交或月交，这要看计算的方式。

特许经营权使用费可以是一个固定的数额，即被特许人需定期缴纳一定数量的费用而不管这期间的营业状况如何；也可以根据营业状况，按照一定的比例向特许人交纳，比如按照占加盟店营业流水或营业利润额的比例上缴。根据目前国内的实际情况，这个比例的范围在 1% ~ 5% 之间最为普遍，而国外最高的甚至超过了 10%。当然也有一部分特许经营权使用费是从总部的采购款项中提取的。

3. 保证金

特许经营保证金是被特许人根据双方签订的特许经营合同向特许人缴纳的担保金。保证金是合同的担保方式之一。被特许人以缴纳保证金的方式，保证其严格按照特许经营合同的规定履行被特许人义务，这些义务包括：向特许人按时缴纳特许权使用费及其他费用；按照特许经营操作手册开展经营活动，不向第三者泄露商业秘密；不得经营特许人许可之外的商品；在合同终止时向特许人交还特许经营操作手册及代表特许经营体系的标志、物品等，消除加盟店的特许标志。

4. 特许经营合同约定的其他内容

如果被特许人违反了特许经营合同约定的义务，特许人有权对被特许人予以罚款，并从保证金中扣缴。

保证金收取通常采用定额制，在加盟之初完成。被特许人按照特许经营合同履行义务后，在合同终止时，特许人应当向被特许人返还保证金。品牌不同，保证金也不同。

除以上三项外，特许人还会收取其他一些费用，或者其他名目的类似费用，也有可能是以上费用的拆分或变形。被特许人在加盟时一定要充分了解，做好充足的准备。

表1-1　某企业官网发布的被特许人条件及加盟各项费用[①]

特许经营方案	
合作者具备条件	主要费用
1. 中国国籍，具备资金20万元以上 2. 自带物件，物件评估要求符合公司开店要求 3. 可投资经营或可专职经营 （须2名有经营能力者担任正副店长） 4. 需自行办理店铺营业执照、食品经营许可证等 5. 合同期限5年	加盟金5万元 新店杂费0.6万元 设计及监督管理费0.4万元 装修和证照等费用（前期投入）14万元
委托经营方案	
合作者具备条件	主要费用
1. 中国国籍，具备资金20万元以上 2. 将公司拥有租赁所有权的店铺实施运营委托（既存店、新店都可） 3. 可投资经营或可专职经营 （须2名有经营能力者担任正副店长） 4. 需自行办理个人独资企业或有限责任公司证照 5. 合同期限5年	合作费5万元 新店杂费0.6万元 设计及监督管理费0.4万元 装修和证照等费用（前期投入）14万元

① 表 1-1 内容根据网上资料整理。

（二）特许加盟资金的主要筹措方式

1. 自有资金

选择特许加盟项目要量力而行，其中"资金"的限制就是重要的因素之一。所以一定要根据自己的资金实力选择特许加盟项目。完全依靠借贷，承受风险的能力较弱。从财务的安全性来看，自有资金应占总投资额的 60%，这样才能应对后续的资金投入。

2. 亲人、朋友的支持

在创业中，缺少资金成为我们最大的短处，又因我们没有一定的资质，从其他处筹措款项有很大的难处，所以亲人、朋友会是我们坚强的后盾。虽然亲人、朋友愿意帮助我们，但我们不能一味地向他们借钱，更不能口头承诺还款期限，要有正式的借据和一定的利息。这既是诚信的表现，也是给自己一定的压力，有压力才能有更大的动力去努力工作。

3. 金融等机构借贷

我们国家银行等金融机构提供小微企业贷款、创业担保贷款等，使小投资人筹资不再那么困难。这些融资方式方便、快捷，成为很多中小投资人的选择。

4. 合伙人资金

创业之初可以引进合伙人以应对资金不充足的问题。找合伙人，也是创业筹资不错的选择。合伙人可以共担资金风险，当然也会分享收益。合伙人不仅是资金的合伙人，也是经营活动的合伙人，所以一定要选择容易沟通、志同道合的合伙人，否则解决了资金问题，又出现经营上的分歧，就得不偿失了。

5. 其他融资形式

借用特许总部信用，申请一定的采购货款账期，实际上就是变相的融资方式；店面租金等分期支付，在一定程度上也能缓解创业初期的资金紧张。接受其他投资人的投资也是很好的筹资方式。投资人和合伙人最大的区别是，通常投资人只投资不会干涉经营活动，但是会重视投资收益的分享。

三、准备充足的特许加盟资源

（一）工作经验

特许加盟项目的成功与被特许人的工作能力和工作经验有很大的关系。这也是我们在进行加盟项目选择时，坚持"不熟不做"的原因。

尽管特许加盟项目的经营要有特许人的全程指导和帮助，但这并不意味被特许人是完全的"傀儡"。被特许人要亲自经营，要与客户沟通，要指导员工操作，还要有洞悉市场的能力。如果以前没有相关的经营经验，仅凭短期的培训，根本不能顺利开展工作。大部分人还是因为以前做过类似的工作，或者有相关的工作经历，才选择特许加盟某个项目。对于大学毕业生，学校通常还是建议其工作一段时间再创业，不仅仅是要准备资金，还要培养工作能力、积累工作经验。

1. 一定的工作经验有利于被特许人对行业品牌进行精准选择

被特许人在选择特许加盟项目时，应该对拟进入的市场有一定的了解，特别是对市场内的主要品牌比较熟悉，对各个品牌的竞争优势有一定的认知，明确市场上的领导者、跟随者。这样才能根据自身条件和投资目标，做出较客观的选择。如果被特许人有工作经验，或对某个行业已有清晰的认知，就有利于迅速做出判断和选择。

2. 一定的工作经验有利于被特许人更好地经营特许加盟项目

毋庸置疑，有一定工作经验的人对特许加盟项目的学习会更快一些。特别是，有行业工作经验的人，他对行业工作的强度和难度有一定的心理准备，选择加盟较慎重，未来更能在困难中坚持下去。

当然，工作经验有时也有一定的负面影响。如果想当然地认为自己有经验就不认真领会加盟项目的精髓，很多时候就会犯"经验主义"的错误。所以被特许人一定要发挥工作经验的优势，多思考特许加盟项目和原来工作的差别，以便更好地经营新项目。

（二）工作精力

特许加盟创业需要被特许人全力以赴，被特许人要将主要工作精力投入到新的工作中来，做好开创新事业的全部准备。

第一，要辞去原来的工作，做好交接，为新的挑战做好充足的准备。开店之初，被特许人如果还没有做好工作交接，其实是给自己留个退路，日后也就有了退缩的借口；没能完全舍弃原来的工作，精力就不能全部投入到新的工作中来，就没办法协调时间，不是所有的人都有能力处理多种事务。

也有些被特许人在创业之初还能按照总部的指导拼命地工作，事业蒸蒸日上，最初投入的资金都得以收回，于是志得意满，开始寻找其他赚钱的机会。不幸的是，新的事业由于未摸到窍门，以致赚来的钱统统赔进去，原来的门店也由于无法两面兼顾而业绩下滑，最终因资金无法周转而失败。

第二，要判断家庭是否会牵扯我们太多的精力。有些人生活负担太重，上有老下有小。这时，投资人可能要做个取舍。因为一旦启动项目，可能会有很长一段时间没精力顾及家庭事务，这也是为什么加盟创业要征得家人同意的原因。

（三）加盟心理

1. 加盟动机

动机决定了事情的方向和方法。加盟前要先问问自己创业的动机——赚钱、找份工作，还是想挑战自我，抑或是喜欢创业项目本身……动机不同，努力的程度就不同。渴望成功的动机将有巨大的动力，让你奋不顾身、勇往直前、坚持不懈、努力开创自己的事业。

如果加盟动机不纯，在遇到困难时容易畏惧退缩，会觉得"不值得"，打退堂鼓。所以在加盟前一定要先问自己，你做好"创业"的准备了吗？

2. 分享收益

和传统的自主创业相比，被特许人要拿出很大一部分收益分享给特许人。这既有初期大笔的加盟费，又有持续经营的特许经营权使用费。在加盟之初，被特许人还能接受这些费用的付出。但随着项目的发展，被特许人往往认为已经掌握了经营诀窍，需要的指导越来越少，还要再缴纳费用，就可能心有不甘。

这时，被特许人可能会采用一定的方法来规避费用的付出，或者在经营上不完全遵照特许合同的要求。例如自己偷偷采购更便宜的原料，或者偷偷抬高商品价格……这些行为将会极大地破坏加盟关系。被特许人一定要明白"分享收益"是对"特许权"价值的回报和对特许合同的遵守，在一开始做出加盟选择时，就要对此有充分的了解。

3. 相信特许人

在特许加盟中，特许人和被特许人的关系是微妙的。为更好地处理特许加盟关系，互相信任是必不可少的。尤其是被特许人要相信，特许加盟项目的本质是双赢，特许人在特许加盟过程中会全程指导，会尽力帮助被特许人取得事业上的成功。

被特许人要信任特许人，在领会其精神的基础上主动接受新的产品和营销方法，并努力贯彻执行；相信这个项目是成熟的，能够带来收益；相信特许人有能力不断研发新的产品，并通过一定的促销手段，不断提升市场竞争力；相信特许人有能力督导每个被特许人，保证被特许人学会经营技巧并将经营技巧应用于实际经营过程中；相信特许人是愿意帮助被特许人取得成功的，因为这不仅是被特许人的成功，更是总部市场拓展的成功。

第三章　懂——特许加盟法律

国家为了规范加盟行业，在 2007 年颁布了《商业特许经营管理条例》等系列法规。国家规定，所有从事加盟的企业都必须在商务部备案取得特许经营资格后才能从事特许加盟的经营活动。否则，企业的加盟经营活动是违法的。这也是鉴别一家从事加盟经营的企业是否合法的重要标准。特许加盟作为企业自身发展壮大的一种商业活动，在其不断发展成熟的过程中，也出现了一系列的纠纷案件，需要法律制度保驾护航。

目前，有三部法律法规：《商业特许经营管理条例》《商业特许经营信息披露管理办法》《商业特许经营备案管理办法》。这三部法律法规从法律的角度对特许加盟做了全面的规范。

加盟知识：有关加盟法律的文件

为更好地促进我国特许加盟企业发展，使特许经营管理活动有序发展，2007 年 1 月 31 日国务院第 167 次常务会议通过《商业特许经营管理条例》，并规定其自 2007 年 5 月 1 日起施行。《商业特许经营管理条例》是我国目前特许经营领域中规定最为系统、全面的一部行政法规，它从五个方面对特许经营环节进行了详尽的制度规定。

一、规定了特许人从事特许经营活动应当具备的条件；

二、确立了特许人的信息披露制度；

三、规定了特许人备案制度；

四、规范了特许经营合同；

五、明确了特许人和被特许人的行为规范。

在《商业特许经营管理条例》的基础上，中华人民共和国商务部制定了《商业特许经营信息披露管理办法》《商业特许经营备案管理办法》，规定自 2007 年 4 月 1 日起施行。

《商业特许经营信息披露管理办法》旨在规范特许经营合作过程中的信息披露环节，维护特许人与被特许人双方的合法权益，为后续特许经营活动的顺利展开奠定基础。《商业特许经营备案管理办法》旨在加强对特许经营活动的监督以及管理，规范特许经营市场秩序，从政府登记备案的角度来维护特许人与被特许人双方的合法权益。

一、商业特许经营活动特许人资格要求

从事商业特许经营活动的组织首先必须是成熟规范的企业，其在发展中形成了专有的经营模式，或取得了商品的专利、专有技术、商标，或有着具有一定市场竞争力的商品品牌，有可供重复使用的无形资产，且能够为使用者带来收益。

经验的积累不是一朝一夕能够完成的。一旦启动加盟，特许人就肩负着众多被特许人的希望，所以本着对特许人自身负责任的角度，也是为更好地保护被特许人的合法权益，更是为防止无任何竞争力的企业通过特许加盟方式骗取钱财，《商业特许经营管理条例》（详见附录二）第三条中对特许人的资格做了明确要求：

本条例所称商业特许经营（以下简称特许经营），是指拥有注册商标、企业标志、专利、专有技术等经营资源的企业（以下称特许人），以合同形式将其拥有的经营资源许可其他经营者（以下称被特许人）使用，被特许人按照合同约定在统一的经营模式下开展经营，并向特许人支付特许经营费用的经营活动。

特许经营企业必须是依法成立的，从事经营活动，并且具有相对独立的法律人格的组织，即包括法人企业，股份有限公司、有限责任公司、国有独资公司等，以及非法人企业，如合伙企业等。

《商业特许经营管理条例》第七条第一款规定：

特许人从事特许经营活动应当拥有成熟的经营模式，并具备为被特许人持续提供经营指导、技术支持和业务培训等服务的能力。

所谓经营模式是指企业对其在生产、运营中涉及的各种资源进行组织、整合的方式，是企业持续获利的方法集合。不同企业的经营模式具有一定的独特性和不可复制性，是企业的无形资产，是加盟企业获利的保障。

指导和培训是特许经营的生命线，需要特许经营企业拥有成熟的专业知识、专门技术、经营方法等，从加盟初始阶段起，对被特许人给予持续的培训、指点和引导。培训和指导需要特许人制定完整的培训计划，具备专门的培训机构和培训人员实施培训工作，这样才能保证加盟企业顺利开展经营活动。

《商业特许经营管理条例》第七条第二款规定：

特许人从事特许经营活动应当拥有至少 2 个直营店，并且经营时间超过 1 年。

对特许人 2 店 1 年的要求，是为了通过"硬件"来证明特许人的模式成熟或者相对成熟，可以作为特许授权的资源或条件，同时在一定范围以内可以起到示范作用，便于其他经营者较为直观地了解特许人的品牌、经营模式、经营状况等。

"2 店 1 年"资质要求特许企业已经进行了成功的试点经营，且在"直营店"内取得了经验、获得了收益。只有经营了直营店，特许企业才会真正关心其收益，才会更接近顾客，才能真正体会经营中发生的困难，取得的"经验"才更具指导性和可操作性。直营店的经营时间要在 1 年以上，以保证特许经营体系的稳定性，同时 1 年是一个完整经营周期，可以较好地把经营中的季节性因素考虑进去。直营店数量要求 2 店以上，以保证特许经营体系的质量。

《商业特许经营管理条例》第二十四条规定：

特许人不具备本条例第七条第二款规定的条件，从事特许经营活动的，由商务主管部门责令改正，没收违法所得，处 10 万元以上 50 万元以下的罚款，并予以公告。

企业以外的其他单位和个人作为特许人从事特许经营活动的，由商务主管部门责令停止非法经营活动，没收违法所得，并处 10 万元以上 50 万元以下的罚款。

二、商业特许经营活动备案与信息披露管理办法

（一）备案管理办法

商业特许经营活动"备案管理办法"是法律规定特许人应该在规定时间，按规定要求，将企业资格、企业特许经营资格等相关证明文件、资料在商务主管部门备案，以方便商务主管部门及时了解、掌握特许人的相关情况，有针对性地对特许加盟活动进行规范和监督；也有助于潜在投资人了解特许人，做出恰当的投资决策，防止欺诈和不实宣传；有利于形成对特许人的社会监督。

《商业特许经营管理条例》第八条规定：

特许人应当自首次订立特许经营合同之日起15日内，依照本条例的规定向商务主管部门备案。在省、自治区、直辖市范围内从事特许经营活动的，应当向所在地省、自治区、直辖市人民政府商务主管部门备案；跨省、自治区、直辖市范围从事特许经营活动的，应当向国务院商务主管部门备案。

特许人向商务主管部门备案，应当提交下列文件、资料：

（一）营业执照复印件或者企业登记（注册）证书复印件；

（二）特许经营合同样本；

（三）特许经营操作手册；

（四）市场计划书；

（五）表明其符合本条例第七条规定的书面承诺及相关证明材料；

（六）国务院商务主管部门规定的其他文件、资料。

特许经营的产品或者服务，依法应当经批准方可经营的，特许人还应当提交有关批准文件。

商业特许经营活动备案管理采用属地管理原则，即特许经营企业备案都在企业工商登记住所地的市一级商务主管部门。国务院商务主管部门负责对全国范围内的特许经营活动实施监督管理，以及跨省、自治区、直辖市范围从事商业特许经营活动企业的备案管理。

另外，《商业特许经营备案管理办法》第七条规定：

特许人的备案信息有变化的，应当自变化之日起30日内向备案机关申请变更。

《商业特许经营备案管理办法》第八条规定：

特许人应当在每年3月31日前将其上一年度订立、撤销、续签与变更的特许经

营合同情况向备案机关报告。

《商业特许经营备案管理办法》第十一条规定：

已完成备案的特许人有下列行为之一的，备案机关可以撤销备案，并在商务部网站予以公告：

（一）因特许人违法经营，被主管登记机关吊销营业执照。

（二）备案机关收到司法机关因为特许人违法经营而做出的关于撤销备案的司法建议书。

（三）特许人隐瞒有关信息或者提供虚假信息经查证属实的。

（四）特许人自行注销的。

《商业特许经营备案管理办法》第十五条规定：

特许人未按照《条例》和本办法的规定办理备案的，由国务院商务主管部门及特许人所在地省、自治区、直辖市人民政府商务主管部门责令限期备案，处1万元以上5万元以下罚款；逾期仍不备案的，处5万元以上10万元以下罚款，并予以公告。

上述条款中提到的《条例》即前文提到的《商业特许经营管理条例》。

（二）信息披露管理办法

信息披露是指特许人依照相关法律法规的规定，应当在规定时间，以书面形式向被特许人提供规定的信息，并提供特许经营合同文本。特许经营的信息披露是特许人就自己的实际经营状况和特许加盟合同中的重要内容，在特许加盟合同签订前，预先告知潜在被特许人的制度。信息披露的目的是让潜在被特许人全面、真实、准确地了解特许人及特许经营模式信息，以便做出正确的投资判断，避免投资人的合法权益陷入欺诈陷阱。

《商业特许经营管理条例》第二十一条规定了商业特许经营信息披露的时间：

特许人应当在订立特许经营合同之日前至少30日，以书面形式向被特许人提供本条例第二十二条规定的信息，并提供特许经营合同文本。

《商业特许经营管理条例》第二十二条规定商业特许经营信息披露的内容如下：

特许人应当向被特许人提供以下信息：

（一）特许人的名称、住所、法定代表人、注册资本额、经营范围以及从事特许经营活动的基本情况；

（二）特许人的注册商标、企业标志、专利、专有技术和经营模式的基本情况；

（三）特许经营费用的种类、金额和支付方式（包括是否收取保证金以及保证金的返还条件和返还方式）；

（四）向被特许人提供产品、服务、设备的价格和条件；

（五）为被特许人持续提供经营指导、技术支持、业务培训等服务的具体内容、提供方式和实施计划；

（六）对被特许人的经营活动进行指导、监督的具体办法；

（七）特许经营网点投资预算；

（八）在中国境内现有的被特许人的数量、分布地域以及经营状况评估；

（九）最近2年的经会计师事务所审计的财务会计报告摘要和审计报告摘要；

（十）最近5年内与特许经营相关的诉讼和仲裁情况；

（十一）特许人及其法定代表人是否有重大违法经营记录；

（十二）国务院商务主管部门规定的其他信息。

《商业特许经营管理条例》第二十三条规定：

特许人向被特许人提供的信息应当真实、准确、完整，不得隐瞒有关信息，或者提供虚假信息。

特许人向被特许人提供的信息发生重大变更的，应当及时通知被特许人。

特许人隐瞒有关信息或者提供虚假信息的，被特许人可以解除特许经营合同。

《商业特许经营管理条例》第二十八条规定了商业特许经营信息披露的管理要求：

特许人违反本条例第二十一条、第二十三条规定，被特许人向商务主管部门举报并经查实的，由商务主管部门责令改正，处1万元以上5万元以下的罚款；情节严重的，处5万元以上10万元以下的罚款，并予以公告。

三、商业特许经营活动的合同和行为规范

《商业特许经营管理条例》针对特许经营活动本身的特点以及实践中存在的主要问题，重点规定了特许人的行为规范。

（一）特许经营合同规范

《商业特许经营管理条例》第十一条规定：

从事特许经营活动，特许人和被特许人应当采用书面形式订立特许经营合同。

特许经营合同应当包括下列主要内容：

（一）特许人、被特许人的基本情况；

（二）特许经营的内容、期限；

（三）特许经营费用的种类、金额及其支付方式；

（四）经营指导、技术支持以及业务培训等服务的具体内容和提供方式；

（五）产品或者服务的质量、标准要求和保证措施；

（六）产品或者服务的促销与广告宣传；

（七）特许经营中的消费者权益保护和赔偿责任的承担；

（八）特许经营合同的变更、解除和终止；

（九）违约责任；

（十）争议的解决方式；

（十一）特许人与被特许人约定的其他事项。

《商业特许经营管理条例》第十二条规定：

特许人和被特许人应当在特许经营合同中约定，被特许人在特许经营合同订立后一定期限内，可以单方解除合同。

这个条款允许被特许人在签订合同后有个"后悔期"，这个期限没有硬性规定。加盟双方要在合同中约定，常见的有3天、5天及7天。该"一定期限"是给予被特许人在特许经营合同订立后，思考该特许经营合同利弊的冷静期限，该期限应是合理的，能够被一般人接受。

《商业特许经营管理条例》第十三条规定：

特许经营合同约定的特许经营期限应当不少于3年。但是，被特许人同意的除外。

特许人和被特许人续签特许经营合同的，不适用前款规定。

条款中提到的"前款规定"即《商业特许经营管理条例》第十二条规定。

（二）特许人行为规范要求

《商业特许经营管理条例》第十四条规定：

特许人应当向被特许人提供特许经营操作手册，并按照约定的内容和方式为被特许人持续提供经营指导、技术支持、业务培训等服务。

《商业特许经营管理条例》第十五条规定：

特许经营的产品或者服务的质量、标准应当符合法律、行政法规和国家有关规定的要求。

《商业特许经营管理条例》第十七条规定：

特许人向被特许人收取的推广、宣传费用，应当按照合同约定的用途使用。推广、宣传费用的使用情况应当及时向被特许人披露。

特许人在推广、宣传活动中，不得有欺骗、误导的行为，其发布的广告中不得含有宣传被特许人从事特许经营活动收益的内容。

《商业特许经营管理条例》第二十七条规定：

特许人违反本条例第十七条第二款规定的，由工商行政管理部门责令改正，处3万元以上10万元以下的罚款；情节严重的，处10万元以上30万元以下的罚款，并予以公告；构成犯罪的，依法追究刑事责任。

特许人利用广告实施欺骗、误导行为的，依照广告法的有关规定予以处罚。

（三）被特许人的行为规范

《商业特许经营管理条例》也对被特许人的行为规范进行了相应规定。

《商业特许经营管理条例》第十八条规定：

未经特许人同意，被特许人不得向他人转让特许经营权。

被特许人不得向他人泄露或者允许他人使用其所掌握的特许人的商业秘密。

特许经营在性质上属于合同行为，适用《中华人民共和国民法典》和其他民事法律，从事商业特许经营活动是当事人的民事权利。特许经营活动经常会涉及违约责任或者侵权责任等民事责任，民事责任问题应当通过民法来解决。

《商业特许经营管理条例》规定的法律责任则主要是违反管理性要求应当承担的行政责任。这主要是考虑到，《中华人民共和国民法典》等对特许经营活动中民事责任的承担都有规定。因此，《商业特许经营管理条例》作为行政法规，并没有对当事人应当承担的民事责任做出规定。

第二部分　特许加盟中

惟能前知其当然，事至不惧，而徐为之图，是以得至于成功。

——苏轼《晁错论》

第四章　选——特许加盟项目

在创业中，每一步都要三思而后行，而不是盲目地瞎碰。特许加盟确实是一种优秀的创业模式，特别是那些中小型投资项目，门槛低、风险低、模式成熟、成功率高，非常适合资金有限但有志创业的人士。但并非所有的特许加盟项目都能赚钱，也不是所有的被特许人都能创业成功。创业成功受多种因素影响，但好的特许加盟项目绝对是成功的基础。选择一个好的特许加盟项目，成功就有了一半的保证。选择好的特许加盟项目是一个系统工程，需要从多方面考虑。磨刀不误砍柴工，选择特许加盟项目的过程怎么细致都不为过。

一、自身条件限定特许加盟项目类别

做好前文提到的加盟准备后，"选项目"就是创业初期最重要的工作。项目的选择应该遵循从行业到品牌再到特许人（总部）的顺序。而所有的选择首先应遵从自己的兴趣、能力和特长。

（一）兴趣是最好的原动力

子曰："知之者不如好之者，好之者不如乐之者。"学习的最高境界是"以学习为乐"。工作也是一样的，靠能力、热情，都不如"兴趣"。兴趣是最好的老师，因为有兴趣，才会主动学习，才会有更好的学习效果。

如果选择的事业很艰苦，那么兴趣就是克服枯燥、挑战困难最好的利器。只要有兴趣，一切就都是快乐的事。人在快乐中工作，效率会更高，效果会更好。所以在选择特许加盟项目时，兴趣是第一位的。

（二）在擅长的领域更容易成功

所谓擅长的领域，就是指自己熟知的领域，或者有一定技能基础的领域。我们感兴趣的行业有很多，但最擅长的工作技能可能只有一项。所谓不熟不做，最好是在擅长的领域选择加盟创业项目。

（三）条件合适才是最佳选项

选项目是个双向选择的过程。只有所有条件都符合了，才能做最后的选择。

第一，能投入的创业资金数额是第一条件，这样就可以排除很多项目了。

第二，市场竞争情况又会限制一些项目的选择。很多成熟的加盟项目在本地市场可能已经趋于饱和，后进入者需要慎重选择。

第三，项目的管理难度也是限制因素，一些大的加盟项目，对被特许人的管理能力、经验都有一定的要求。如果被特许人还是初出茅庐的年轻人，或者从来没有管理过大型项目，这样的挑战往往风险较大。

第四，风险承受能力也是一个限制性条件。很多项目尽管投资小，但其市场需求不稳定，未来具有很大的不确定性。被特许人如果不想承受太大的风险，就需要排除这样的项目。

第五，项目的选择还要受限于特许人对被特许人条件的要求。一般情况下，加盟项目都有加盟条件，对被特许人的职业道德、工作能力、工作经验以及加盟地点等有很多详细的要求，又在一定范围内限制了被特许人的选择。

二、优质的行业更具投资价值

兴趣是选择特许加盟项目的第一要素，但却不是唯一要素。因为个人兴趣还要和市场选择平衡，内因还要和外部环境结合。也就是说，我们还要在自己感兴趣的领域，选择有良好市场前景的行业，因为处在上升期的行业更具投资价值。

俗话说：知己知彼，百战不殆。创业者在选择特许加盟项目时，要充分掌握拟加盟项目的市场信息，如该项目的市场前景、赢利能力、投入资金数额、竞争激烈程度等，以便更好地判断其投资价值。

（一）成长期的行业容易成功

行业和产品一样都有生命周期。处在"导入期"的行业投资额较大，效益回收不显著；"成熟期"的行业，通常效益很好，但其竞争往往也是最激烈的，同时又有可能马上步入衰退期。所以，创业者最好在处于"成长期"的行业中选择加盟项目，这样的行业处在发展的黄金周期，市场的认可度越来越高，具有较大的市场空间，更容易进行产品推广。处于成长期的行业，其市场竞争也还没那么激烈，新进入者更容易站稳脚跟。

（二）行业资讯是有参考价值的

如何判断行业的优质性呢？很多权威的资料都能反馈各个行业的发展情况。例如，中国连锁经营协会每年都发布特许连锁百强榜单，在一定程度上反映了加盟项目的优劣；中国连锁经营协会主办的"中国特许加盟网"也会定期公布各个品牌的加盟指数；类似的网站还有"中国加盟网"等。这些网站都会推荐一定的特许加盟项目。

我们在选择特许加盟项目时，要多利用行业杂志、权威网站发布的资料和数据，详细、充分地了解特许加盟项目的市场走向。

（三）政策导向是不可或缺的因素

特许加盟项目的发展前景还和政策导向息息相关，符合国家政策的项目会在未来一段时间内有较好的发展。例如"双循环发展格局""自贸区""低碳环保"，和这些政策挂钩的行业、品牌将会拥有更好的发展空间。

1. 关注国家政策，顺势而为

国家开放三胎，对婴幼儿的产品与服务行业必然产生很大影响；生活必需品，还有房屋中介、家居行业，以及宠物、文具等行业发展势头强劲，销售收入与门店数量均出现正增长。近几年，汽车后市场表现突出，人们更愿意选择自驾，对汽车的消杀要求更高，促进了汽车后市场的发展。

2. 关注人口结构，创新消费

Z世代，也称"网生代""互联网世代""二次元世代""数媒土著"，通常是指1995年至2009年出生的一代人。他们一出生就与网络信息时代无缝对接，受数字信息技术、即时通信设备、智能手机产品等影响比较大。据相关数据统计，2009年我国Z世代的人口约为2.3亿，占我国总人口比重的16%。95后的成长伴随着国家综合实力与国际影响力的不断提升，因此他们的民族自豪感和文化认同感也更高。Z世代人群看重24小时便利店，他们认为住所周围的设施还应包括地铁站、购物中心、健身房、电影院与艺术馆等。同时，老龄化人口也不断攀升，2020年全国60岁以上人口超过2.64亿，占比18.7%。有机构预测未来10年我国60岁以上人口数量会达到3.71亿，这是一个庞大的市场。

3. 关注技术创新，产业升级

技术不断迭代，势必会加速产业升级，模式再造。汽车后市场如何提前布局，如何应对电动车无人驾驶时代的到来；零售企业如何做好门店场景运营，提供社交属性；这都是需要考虑的问题。数字化特许加盟更有利于发挥共享经济、平台经济的优势，为社会培养更多创业家，带来更多的就业机会，在促进服务业转型升级等方面创造更大的社会价值。特许加盟是服务贸易跨境发展常用的一种模式，在国家构建以国内大循环为主体、国内国际双循环相互促进的新发展格局下，特许加盟在帮助中国品牌走出去、服务业的转型升级方面发挥着重要作用。

三、成熟的总部有利于特许加盟成功

创业者要想选择特许加盟项目，就必须深入了解特许企业，重点考察加盟项目的真实性和成熟度。创业者可通过特许人加盟说明会获得资讯，也可直接向加盟总部索取资料。资料搜集完整后，创业者可选择 2 ～ 3 个加盟项目，与特许人进一步洽谈，了解总部的经营实力与经营理念。在选择比较的过程中，创业者关注的焦点问题不是总投资额的高低，而是特许加盟后成功的概率有多高。

（一）通过信息披露文件掌握拟加盟企业的总体情况

我国《商业特许经营管理条例》第二十一条明确规定：

特许人应当在订立特许经营合同之日前至少 30 日，以书面形式向被特许人提供本条例第二十二条规定的信息，并提供特许经营合同文本。

《商业特许经营管理条例》第二十二条规定：

特许人应当向被特许人提供以下信息：

（一）特许人的名称、住所、法定代表人、注册资本额、经营范围以及从事特许经营活动的基本情况；

（二）特许人的注册商标、企业标志、专利、专有技术和经营模式的基本情况；

（三）特许经营费用的种类、金额和支付方式（包括是否收取保证金以及保证金的返还条件和返还方式）；

（四）向被特许人提供产品、服务、设备的价格和条件；

（五）为被特许人持续提供经营指导、技术支持、业务培训等服务的具体内容、提供方式和实施计划；

（六）对被特许人的经营活动进行指导、监督的具体办法；

（七）特许经营网点投资预算；

（八）在中国境内现有的被特许人的数量、分布地域以及经营状况评估；

（九）最近 2 年的经会计师事务所审计的财务会计报告摘要和审计报告摘要；

（十）最近 5 年内与特许经营相关的诉讼和仲裁情况；

（十一）特许人及其法定代表人是否有重大违法经营记录；

（十二）国务院商务主管部门规定的其他信息。

我们通过这些信息披露内容，可以对特许人有个总体的了解，可以判断特许人的真实性和合法性，为后续进一步实地考察、调研做好准备。

（二）通过市场调研进一步了解品牌知名度

特许经营是知识产权的交易，而品牌、商标等是知识产权的外化形式。品牌知名度在一定程度上反映了企业的成熟度。想要了解某个品牌的知名度，可以根据自己日常掌握的相关信息，也可查找专业资料。例如，如果你想要了解咖啡品牌，"国际咖啡品牌网"上有比较权威的数据，"十大咖啡排行"和"咖啡人气排行榜"可以帮助你更好地了解某个咖啡品牌的知名度，并做出选择。

（三）通过实地考察样板店判断其经营状况

一般来说，特许人为吸引创业者，在推介时夸大投资收益和成功率的可能性比较大。"耳听为虚，眼见为实"，创业者要亲自到店考察，特许人也会安排创业者到"样板店"考察。

所谓样板店是特许人专门建设的，是被特许人的考察对象，同时也是未来对被特许人进行培训的主要场所。样板店是被特许人对总部形成第一印象的地方。特许人通常很重视对样板店的建设，所以样板店一定是其最成熟的店，也是最能展现其经营特色的地方。

1. 评估样板店选址

看样板店地址在哪里，属于什么商圈，周围主要有什么店铺，例如学校数量、小区数量、写字楼数量等。然后综合看各样板店选址存在哪些共性，哪家门店生意更好，其原因是什么。最终得出的结论就是你未来选址的主要方向。

2. 考察样板店管控

观察样板店的QSC，即品质、服务和清洁状况，这是考察重点。一家样板店的QSC水平，可以看出总部的监管能力和监管力度。如果考察的样板店都很规范，则说明总部有详细要求，管控能力强。除此以外，样板店是否价格统一、是否有统一的运营手册，都可以反映出总部管控水平的高低。

3. 估算门店营业额

估算营业额的具体数学方法比较复杂，创业者在考察样板店时可以采用一问、二找、三看的方法。

一问，即直接询问样板店店长或老板，多聊聊，通过聊天了解门店生意情况、总部管理及门店运营总体情况等。特别是要了解大概的营业流水、每日成本等。

二找，即找样板店结算小票单号。每日第一笔结算单号和最后一笔结算单号，可以估算出日常交易量，与平均客单价相乘，大致能算出总营业额。创业者可以亲自购买，获得小票上的单号。根据估算出的营业额，综合成本信息，创业者可以自行计算样板店是否有丰厚的利润。有些刚刚起步的加盟品牌前面诸多项都不满足，但如果几家样板店营业额测算都很好，也是可以考虑的品牌。

三看，即看样板店客流情况，顾客一般是哪个年龄段，进而可以分析其职业、身份、性别等特征，顾客通常购买的商品及数额，服务人员服务是否规范，顾客是否满意等。

这些能在一定程度上反映样板店的生意是否兴隆，门店员工培训是否到位，总部的宣传是否有虚。

（四）通过暗访加盟店确认总部对加盟店的支持程度

暗访加盟店，防止特许人总是把最好的店，或者是已经"包装了"的店面拿出来。暗访其他加盟店，可更全面、客观地了解特许加盟项目的整体情况。

创业者在与特许人洽谈时，可要求其提供一些加盟店的名单，从中挑选两三家进行暗中考察。考察重点应该是加盟店的经营实际情况、被特许人的配套设施是否完备等。

创业者对有意向的特许加盟项目，最好先暗中考察一番。到该项目的加盟店去消费，以顾客身份和负责人或店员聊天，并估算每天的营业额，分析客户群、消费时段等；考察持续一段时间后，看考察结果和特许加盟总部介绍的内容是否相符，以此判断对方是否诚实。

通过与其他被特许人的交流，创业者也可以了解特许人对被特许人的支持程度，以及特许加盟项目的盈利能力。其他被特许人的反馈在一定程度上反映了创业者未来的状态，比较可信，有一定的借鉴意义。

综上所述，我们在选择特许加盟项目时，可以充分利用网络上的诚信加盟平台，少走一些弯路；可以多利用行业权威杂志、期刊，获得更多的信息，获得更好的加盟机会。在选择特许加盟项目时，请教一些经验丰富的创业者，不但可以从中学到创业的经验，更能获得激励，保持创业激情和信心。在现场考察中，其他被特许人的信息反馈和对总部的评价，也可以成为创业者选择的根据。

四、综合汇总确认特许加盟细则

实地考察后，创业者就应该冷静地进行分析比较。各个被特许人的模式与条件一般都大同小异，但正是这些"小异"的地方，如加盟金的支付方式、总部供货的价格等，可能会影响特许加盟后的经营利润。被特许人还要进一步与特许人交流，详细了解项目的盈利模式和特许加盟体系。

（一）特许权的构成内容

特许权是特许加盟的核心权益内容，所以在特许加盟前一定要详细了解其构成内容，包括商标、商号、经营模式等，特别要注意"商标的合法性"。创业者对"品牌商标"要先确认其是否已经注册，同时还要特别询问特许权的独特性和价值。只有真正具有商业价值的，或者区别于其他类似品牌的特许权，才有加盟价值。

（二）主要的费用数额

资金投入往往是我们选择特许加盟项目时特别关注的事项。

我们要了解该特许加盟项目的主要收费项目有哪些，根据我们已经掌握的特许加盟知识，判断其项目设置是否合理；还要了解每一项费用的具体数额及支付方式，将该费用与同行业其他特许加盟企业比较，了解其收费额度的合理性。即使是相同的收费标准，收费方式不一样，实际产生的成本负担也是不一样的。例如，分期收费要比一次性支付的成本负担要小一些。在特许加盟费用的收取上，常出现一些陷阱，创业者要擦亮眼睛，透过数额看其背后的真正目的。

第一，"零"加盟费用不是真的不要加盟费。一些小的特许加盟项目，特许人为招揽更多创业者的关注，打出极具诱惑力的招商广告，"零加盟费用"就是其惯用伎俩。其实它不是真的不收费，而是将这些费用分摊到商品进货费、保证金或者种类繁多的"促销费、培训费"上。创业者要辨别出"零费用"的真实性。

第二，收费并不是越低越好。创业者总会倾向于"收费较低"的特许加盟项目，这就像我们买东西一样，价格往往是决定因素。但创业者一定要深刻认识到，往往越是好的项目，总部投入越大，费用相对就越高一些；如果仅仅关注价格，未来得不到总部的帮助和指导，以及加盟的品牌不具备市场竞争力，那就真是因小失大了。

（三）总部给予被特许人的支持

总部对被特许人的支持是保证被特许人能够完整执行特许人运营管理规则的重要手段。做特许经营要建立特许加盟系统，其中要有强有力的支持系统，支持系统是特许加盟的核心之一。被特许人购买的不仅仅是商品的销售权和商标使用权，还包括整个商业模式的经营权，特许人要在企业创建和经营运作方面为被特许人给予支持和指导，这就要求加盟总部有较强的组织能力，为被特许人提供运营、选址和行销等方面的支持，以维持整个特许加盟系统的运转。

通常，总部对被特许人的支持是一个完整的体系，包括八大部分，分别为选址营建、品质产品、人员培训、运营督导、市场营销、物流配送、技术设备、品牌文化等支持系统。八大支持系统缺一不可。

"选址营建"是指帮助被特许人找到适合的营业地点并能迅速完成标准化的装修，尽快开业；

"品质产品"是被特许人获得市场经营业绩和持续竞争力的保证，总部还要有不断提升产品质量、满足顾客需求以及开发新产品的能力；

"人员培训"主要是指对被特许人招募的新员工进行培训，使其顺利投入工作；

"运营督导"是指特许体系中建立的，按照一定的规则和要求对各加盟店的经营行为、人员、商品、服务、工作流程、政策落实等方面进行的监督、指导、支持和管理活动；

"市场营销"是市场拓展活动，包括营销策略、促销活动、广告推广等，特许加盟总部应该不定期地开展市场营销活动，不断提升产品市场推广力度；

"物流配送"随着商贸流通业的发展越来越重要，是保证货源顺畅供给的重要影响因素，已经成为企业重要的第三利润源；

"技术设备"是特许加盟体系运营重要的硬件条件，是保证特许加盟项目工作效率的重要保证，在一定程度上也是产品先进性的保证；

"品牌文化"是企业重要的无形资产，良好的品牌文化代表着企业精神和可持续发展的能力，也是顾客忠诚度的重要支撑因素。

在八大支持系统中，"运营督导"管理系统尤为重要。在特许体系考察中，创业者要重点了解其"督导"体系的完善程度。

特许加盟总部还会设置"督导员"岗位，专门负责被特许人的日常指导。很多特许加盟体系扩张速度太快，督导人员的培养跟不上企业发展的步伐，就会影响到加盟店的后续服务和指导。所以创业者一定要详细了解其督导制度，了解督导人员配备数量、经营指导的频率，保证后续经营指导质量。

（四）特许加盟文件完备成熟

特许企业的成熟度还要看其无形资产部分，即特许加盟文件。看总部是否有一整套已成文且可操作的特许加盟管理手册和加盟店运营手册；看总部是否在被特许人选择、加盟店店址选择等方面持负责任的谨慎态度；看总部是否重视加盟店的利益和后续管理等。

通常，一个成熟的企业有能力将其经营中的经验、技巧和模式总结为"特许加盟文件"，这是其重要的无形资产，也是检验特许企业成熟度的重要标志性文件，是特许企业能够不断发展下去的重要标准化文件。这些文件在被特许人的培训和指导中发挥着重要的作用。

我们将特许加盟文件统称为"特许经营手册"，该手册具有知识性、保密性、实用性、规范性和动态性的特点。常见的有招商加盟手册、总部运营手册、单店运营手册三种。

1. 招商加盟手册

招商加盟手册，也称加盟指南，由总部制作，是介绍特许加盟项目的基本概况、特点、优势，以及特许加盟条件的文件，目的是吸引创业者的关注，进而产生进一步了解特许加盟项目的目的。招商加盟手册一般制作精美，以图片和文字结合的形式展示企业加盟特色，文字简洁，重点内容突出，让创业者迅速了解特许加盟项目，做出初步判断。

招商加盟手册一般由两部分构成：特许加盟项目简介和特许加盟申请表。

特许加盟项目简介包括总部简介、品牌优势、加盟条件、加盟制度、加盟支持、加盟流程、常见问题解答、加盟相关费用等，以及特许人的商标、logo、样板店、特色产品服务、企业荣誉证书等图片。

特许加盟申请表常做成加盟指南的附页，方便填写和邮寄。各个企业要求填写的特许加盟申请表的详细程度不一样。有的企业的加盟申请表内容非常广泛，包括被特许人的基本资料、兴趣爱好、教育程度、职业经验、申请理念、财务状况、资产细目确认表等。

一般的特许加盟申请表主要包括如下内容：

申请人基本资料；申请人联系方式、详细地址；申请人是否已有单店，如果有，要填清楚店面基本情况；申请人加盟方式，即加盟后企业的性质；申请人学历和工作经历；申请人拟加盟信息：计划店址、签约时间、投资额及商业计划书等；申请人的调查，即从何种渠道获得加盟信息，对总部的希望等；最后还可能有一份简单的申请人对拟加盟地区市场竞争情况的调查报告。

2. 总部运营手册

总部运营手册一般是详细记录每个职能部门的岗位职责、运营流程及规则，用来指导总部各部门工作的手册，具体包括总部人力资源管理手册、总部行政管理手册、总部商品管理手册、总部财务管理手册、总部督导操作手册、总部市场推广手册等等。这部分手册为总部管理所使用，被特许人不能获得。

3. 单店运营手册

单店运营手册是指导单店运营的指导性文件。该手册可以有效地指导被特许人的日常经营活动，是其行动指南和经营参考书。被特许人要了解总部是否有该文件，以及文件的详细程度。单店手册有"开店手册"和"运营手册"。

开店手册主要对加盟店开店涉及的主要问题进行介绍和说明，被特许人通过该手册能够有效开展初期的开店筹备。开店手册应该包括拟加盟区域市场分析方法、商圈调查方法、店面选址方法，店面装修流程与要求、开业筹备内容以及开业仪式等内容。

运营手册是加盟店开业后运营的指导手册，是加盟店未来运营活动的行动准则及教科书。运营手册涵盖了从开业之日起门店运营的所有工作步骤、工作要求及工作方法，是总部门店运营的经验升华，也是门店获得竞争力的核心价值。

第五章 签——特许加盟合同

《中华人民共和国民法典》第四百六十四条第一款规定："合同是民事主体之间设立、变更、终止民事法律关系的协议。"《商业特许经营管理条例》第十一条第一款规定："从事特许经营活动，特许人和被特许人应当采用书面形式订立特许经营合同。"特许经营合同是规范、约束、管理特许经营活动的重要契约。

加盟知识：特许加盟合同

特许加盟合同是特许经营活动当事人之间为加盟项目的顺利开展，明确各方权利义务关系的协议。特许经营合同的意义在于明确当事人之间的权利义务，对合同存续期间当事人的经营行为进行规范，确保当事人的合法权益不受侵犯，是解决特许人与被特许人之间争议的主要依据。

我国法律规定，特许加盟合同要采用书面形式订立，口头合同无效。我国法律实践中，特许企业一般采用标准合同形式，即"格式合同"，合同制定方为特许人。特许加盟合同自合同双方当事人签字或盖章时即成立，依法成立的合同自合同成立时生效。

为规范商业特许经营活动，促进商业特许经营健康、有序发展，中国连锁经营协会于2020年1月起草完成《商业特许经营合同（单店通用版）》。

《商业特许经营合同（单店通用版）》在内容及结构上以普通商业合同的结构特点为基石，同时针对特许经营行业的复杂性而制定。《商业特许经营合同（单店通用版）》全文共包括三大内容，即合同首部、合同正文和合同尾部。

合同首部包含合同名称、合同编号、合同主体信息、合同目的、原则等内容。

合同名称为商业特许经营合同；合同编号为了区分同一个被特许人在同一天签订的不同特许经营合同；依照《条例》第十一条第（一）项的规定："特许经营合同应当包含特许人、被特许人的基本情况"，设定合同主体信息；合同目的、原则等内容依据《条例》（即《商业特许经营管理条例》）及《合同法》（目前已废止）的相关规定起草。

特许经营合同正文含十一章内容，共91条，涵盖了《条例》第十一条规定的合同主要内容："（二）特许经营的内容、期限（特许经营合同约定的特许经营期限应当不少于3年）；（三）特许经营费用的种类、金额及其支付方式；（四）经营指导、技术支持以及业务培训等服务的具体内容和提供方式；（五）产品或者服务的质量、标准要求和保证措施；（六）产品或者服务的促销与广告宣传；（七）特许经营中的消费者权益保护和赔偿责任的承担；（八）特许经营合同的变更、解除和终止；（九）违约责任；（十）争议的解决方式；（十一）特许人与被特许人约定的其他事项"；以及《条例》第十二条的冷静期条款。另外，还参照 GB/T28830-2012 特许经营术语起草特许经营合同的词汇释义，并增加了特许人与被特许人双方的法律地位及关系、陈述和保证、竞业限制、商业秘密和知识产权保护、不可抗力、双方的通讯信息及送达等条款。

特许经营合同尾部为签约部分。

最后是五个合同附件，其中附件一、附件二是合同主体各方的营业执照副本复印件、身份证复印件；附件三《特许经营资源许可使用授权书》是参照《商标法》及商务部提供的范本起草的；附件四《加盟店店址确认书》基于合同8.3款的约定起草，符合特许经营合同特点，绝大部分被特许人均是在签约后再选址确认店址，为此，应当书面确认最终店址；附件五《商圈保护区域附图》是为了明确商圈保护区域范围，防止商圈测量差异引发的纠纷。

一、特许加盟合同是特许加盟关系中的法律准绳

特许加盟双方是一种契约关系，而双方关系的纽带就是特许加盟合同。特许加盟合同是特许加盟关系中的法律文件，是明确双方权利义务关系的准绳。特许人是特许加盟合同的制定者，特许企业会根据企业特点，在合同中详细列明特许权内容、加盟费用构成、违约责任以及双方的主要权利义务关系。尽管各家企业的特许加盟合同略有不同，但都应该包括以下基本条款：

（一）特许加盟双方基本情况

特许加盟合同应当包含特许人、被特许人的基本情况，具体涵盖特许人的法定代表人（负责人）、营业执照注册号、注册地址，被特许人的法定代表人（负责人）、营业执照注册号（身份证号码）、注册地址（住址）。

特许人系依法设立的企业，有权在中华人民共和国境内发展其特许加盟体系，从事商业特许加盟活动，并保证在中国大陆从事特许加盟符合中国的法律、行政法规的规定。被特许人系具备履行本合同能力的自然人、依法设立的个体工商户、企业或其他经济组织。

这些信息看似简单，但非常重要。特别是未来有争议时，这些信息是法律程序履行的基础，决定了争议的双方当事人及诉讼地点等事项。

（二）特许权的基本内容

特许权专指特许人授予被特许人在授权范围内，使用特许人的经营模式、注册商标、企业标识、专利、专有技术等经营资源开展特许加盟活动的权利。特许加盟合同中应明确规定许可内容的名称、登记号及其登记注册情况、有效期、许可使用的内容、方式和地区等事项，即应明确"特许权"使用的时间、地点、方式和使用权限等。

特许加盟合同期限长短不一，这与行业特点、投资大小、投资回收期等因素有关。我国要求特许加盟期限应当不少于 3 年。但是，被特许人同意的除外。

为使开展特许加盟活动的地点即加盟店地址更加明确，要在合同中写特许明加盟企业的具体地址与要求，并可以以《商圈保护区域附图》为附件，详细列明"以加盟店址为中心的多少公里为半径的圆形区域范围"为保护商圈。

（三）特许经营费

特许经营费是被特许人为获得特许人的经营模式、注册商标、企业标志、专利、专有技术等经营资源的使用权而向特许人支付的费用，有加盟费、培训费、系统使用费、广告基金、特许权使用费、履约保证金及其他约定的费用。特许加盟合同主要明确被特许人应缴纳的特许经营费用的名称、内容、数额、缴纳的具体办法以及未缴纳的惩罚措施等。

加盟费，指被特许人为获得特许人的经营模式、注册商标、企业标志、专利、专有技术等经营资源的使用权而向其支付的一次性费用，通常在加盟之初一次性缴纳。加盟费是特许人所授权商业经营模式的价值及特许人所拥有的品牌价值的体现，是特许授权城市或授权区域的价值体现，体现了加盟店的预期盈利能力。加盟费也是招募一个被特许人的成本回报。

特许经营权使用费，指被特许人在使用特许经营权过程中按一定的标准或比例向特许人定期支付的费用。特许经营权使用费是特许人持续提供经营指导、后勤服务的价值体现。我国加盟企业一般按销售额（营业额）、流水额的一定比例支付，并计入企业管理费。

保证金，为确保被特许人履行特许加盟合同，特许人或经特许人授权的企业向被特许人收取的履行保证款项。合同到期后，按合同约定退还被特许人。保证金是履约保证，也是督促被特许人维护特许权声誉的品牌保证金。

保证金可以促使被特许人忠实履行合同，如被特许人违约，特许人可用保证金冲抵特许经营权使用费和违约金。特许加盟合同应明确写明保证金的数额、期满退还或冲抵其他费用等规定。

其他费用，即特许人根据特许加盟合同权利与义务的要求，为被特许人提供相关服务，并收取的相应费用，如广告促销费用的分摊、专项指导服务费等。这部分费用的概念界定、收取方式及金额比例必须在特许加盟合同中明确，防止特许人随意添加。

（四）特许人的权利

特许加盟合同条款要清楚说明特许人在特许加盟活动中应有的权益，该权益主要包括对被特许人的监督和收取相应特许经营费用等的权利。

监督权，即为保证特许体系的统一性和产品、服务质量的一致性，特许人有权对被特许人的经营活动进行监督。这是特许人的一项最基本权利，是维护特许加盟体系统一性的最基本和最重要的手段。监督权通常通过执行督导程序和制度来实现。

收益权，即特许人有权向被特许人收取特许经营费及其他各种服务费用的权益。相关费用的收取既反映了特许经营权的价值，同时又是特许人的收益，是特许人为被特许人提供各种服务的回馈。

解约权，即特许人对违反特许加盟合同，侵犯特许人合法权益、破坏特许体系的行为，有权终止特许加盟合同，取消被特许人特许加盟资格的权利。解约权对特许双方的影响很大，因此对其相关条款的设计，特许人应十分慎重。而且特许加盟体系在本质上是一个利益共同体，特许人应充分估计解除合约对整个特许加盟体系的不良影响，慎重使用解约权。

（五）特许人的义务

本条款主要说明特许人在被特许人开业前后应尽的义务，比如培训、开店指导、商品配送、广告宣传等。

1. 授予义务

特许人应依据特许加盟合同，将特许经营权授予被特许人使用，并提供代表该特许体系的营业象征及经营手册，包括统一店面设计、统一招牌、宣传用品、工作服装、营业方式以及单店运营手册等。

2. 培训义务

特许人有对被特许人及加盟企业员工进行教育、培训的义务，并持续整个特许加盟期间，以保证特许加盟活动的正常开展和规范运营。

3. 开业指导义务

特许人有义务帮助、指导被特许人做好开店的筹建和准备工作，包括总部为被特许人提供店面选址、店面设计、广告策划、开业仪式的策划、设备的安装调试、物品采购、员工招聘等方面的服务。

4. 持续支持义务

在加盟期间，特许人有义务为被特许人持续进行物品供应、宣传推广、市场信息提供和新产品研发等服务。

5. 发展壮大特许加盟体系义务

特许人有义务通过不断的市场研发、营销、广告宣传，满足顾客不断发展的需求，保持特许加盟体系的市场竞争力，保证被特许人持续获利。

（六）被特许人的权利

被特许人依据特许加盟合同，拥有使用特许人授予的特许权，获得特许人持续支持、指导和帮助，并获得收益的权利等。

被特许人在合同约定的范围内行使特许人授予的权利，利用特许人的商标、商号、专利、管理经验、经营模式、经营技术和商业秘密等开展特许加盟活动的权利。

被特许人有权获得特许人提供的培训和指导；被特许人有权享受总部细致周到的培训服务，并充分利用培训的机会提高自己的经营管理水平。被特许人接受特许人的培训和指导不仅是被特许人的权利，也是义务。被特许人接受总部的培训和指导，是维持整个特许加盟体系规范化运营的重要手段。

被特许人有权获得总部产品、原材料、设备等的配送，有权获得开业宣传、广告营销等帮助，获得特许人对新产品研发的帮助等。

（七）被特许人的义务

1. 严格履约，认真经营

被特许人签订特许加盟合同，必须严格遵照单店运营手册的指导，开展标准化营业活动，按照规定的内容和方式进行经营活动，包括提供统一定价的商品和标准化的服务等，以保持特许加盟体系的完整和统一。

2. 到期付费，加强管理

被特许人有义务按合同约定支付特许经营权使用费及其他各种费用。针对被特许人不按期交费或编制虚假财务报表而减少缴费数额等问题，特许人通常会增加"保证金"的收取，用以约束和抵减被特许人少缴的费用，并且加强财务监督，或者采用定额制代替比例制，完成特许权使用费的收缴。

3. 维护品牌声誉和统一形象

在特许加盟体系中，任何一个加盟店出现问题，都会影响整个特许加盟体系的信誉和形象。加盟品牌的名誉和统一形象是加盟各方利益的源泉，所有被特许人都有义务维护特许加盟体系的统一性和完整性，维护品牌声誉。

4. 接受特许人的指导和监督

在特许加盟体系中，特许人有提供指导的义务和监督的权利，被特许人就有接受监督的义务和接受指导的权利，二者的权利和义务对等，分别反映在不同的合同条款中。合同中还有一些这样的"对等"条款，如培训条款、缴费条款、监督指导条款、保密条款、保险条款、商标专利使用许可条款、限制竞争条款等等。

（八）合同权益的转让

特许加盟合同通常不能无故解除或转让，这既是对特许人权益的保障，也是对被特许人负责。被特许人只有经特许人事先书面同意，可将本合同项下的全部或部分权利、义务转让给第三方，但应保证第三方无条件接受并承诺继续履行本合同项下的所有条款。同意转让后，被特许人仍应当遵守本合同关于竞业限制、商业秘密和知识产权保护义务的约定。

特许加盟合同对被特许人转让本合同有具体详细的要求，包括转让的条件、程序、缴纳给特许人的费用等有关特许加盟合同转让的事宜。通常，特许加盟体系中合同未到期不得中途解约。所以，特许人多会在合同中注明"未经特许总部的书面同意，乙方（被特许人）不得擅自将加盟店转让给他人。否则，甲方（特许人）有权解除本合同，并追究乙方的违约责任"。

有些特许加盟合同限制了"加盟店"转让的严格条件，会在合同中列明"合同转让的条件及程序等内容"，并要重新审核新被特许人的特许加盟条件及资质。

（九）合同的终止及后合同义务

特许加盟合同的期限一般较长，在合同有效期内如出现一些意外情况，双方约定可以提前终止合同。本合同条款主要说明可能终止合同的各种方式、处理的程序、结果措施及后续任务等，如某特许加盟合同规定：

本合同在下列条件下自动终止：

合同到期且双方未续期；任何一方进入破产或自行清算程序；被特许人死亡或丧失民事行为能力，注销或被吊销营业执照；合同解除；法律规定的其他情形。

特许加盟合同中还应列明合同终止后，被特许人完成应尽义务的责任以及未尽义务时的惩罚办法。特许加盟合同终止后，被特许人依然要缴清所欠的费用，不再使用特许加盟体系的所有工业产权或知识产权，在规定期限内返还含有特许人标记的物品，包括文件及其副本或任何复制品，停止以加盟店名义进行对外活动，撤换营业地所有特许加盟体系特有的内外部设计、装修、装饰、颜色、布局、设备、设施等等。

（十）违约责任

特许加盟合同中应该写明各种情况下双方违约应承担的责任。"违约责任"的规定，是后续双方发生纠纷解决问题的依据，所以特许人会尽可能涵盖所有可能出现的争议，以明细项目的形式和列式。例如，某合同条款中对违约责任做了如下说明：

被特许人违反合同规定发生下列情况之一时，甲方（特许人）有权解除合同，并要求对方支付违约金及赔偿金：

未经特许人允许擅自扩大许可商标的使用范围，或与其他商标组合使用；

未经特许人允许将许可商标再许可他人或转让、出借、转卖他人制作或使用；

自行制作或使用与许可商标相似或变形的商标；

降低加盟店的服务质量或产品（商品）质量，发生被舆论工具曝光或消费者严惩投诉等情况；

加盟店不按合同规定支付特许经营权使用费；

不接受特许人依据管理规定进行的监督、或阻止甲方进行检查；

擅自变更本合同规定的权利义务主体。

本条款是双向违约的处理办法，所以还应列出特许人违约的情况及惩罚措施。例如，某合同条款中对特许人违约责任做了如下说明：

甲方（特许人）违反合同规定发生下列情况之一时，乙方有权解除合同，并要求对方支付违约金及赔偿金：

未按合同约定向被特许人提供全套特许加盟体系；

未按合同约定在签订本合同前和特许加盟过程中及时披露相关信息或故意披露虚假信息；

未按规定提供加盟店各项指导与培训任务；

提供的商品或原材料存在严重质量问题，导致加盟店权益受到较大影响。

（十一）不可抗力

特许加盟合同要对"不可抗力"进行定义，并说明在发生不可抗力事件时，各方应采取的措施以及不可抗力发生时，合同的部分或全部义务可能被免除的有关规定。

不可抗力又称人力不可抗拒，是指合同签订后履约中，不是双方任何一方的过失或疏忽，而是发生了当事人不能预见或无法控制的事件，导致合同无法履行或不能如期履行，例如自然灾害等。当事人据此可以免除不能履行合同或延期履行合同的责任。

（十二）纠纷处理方式

本条款主要说明双方在发生纠纷时的解决原则、办法、程序等。特许加盟合同的履行是一个长期的过程，出现纠纷是很正常的事情。特许双方的利益既有对立的一面，也有统一的一面。一旦纠纷出现，双方应该彼此真诚地交换意见，尽量通过协商解决纠纷，这样对双方都有利。如协商不成，可通过诉讼或仲裁解决。如某特许加盟合同规定："在本合同执行过程中，双方如有意见分歧，应协商解决。协商不成时，任何一方均可申请××仲裁委员会仲裁。该裁决为终局裁决，对双方均有法律约束力。"

（十三）合同中其他约定事项

包括附件说明，本合同适用法律，合同的有效期、份数、解释权等。

二、审核合同是加盟关系合规的保证

特许加盟合同是"格式条款"，由特许人制定，被特许人都要与特许人签订统一的加盟合同。但这并不代表，被特许人就可以完全信任"合同条款"，不需要进行任何审核。被特许人要认真审核合同条款，最好有法律顾问的帮助，明确每项合同条款的内容，避免因为合同条款理解的歧义，影响未来的合作。被特许人在签订合同时要特别警惕"合同陷阱"。

（一）特许资质审核

特许资质审核以确保合同的签约对象合法，签约内容有效。特许资质审核应该包括特许人资质审核和特许授权资质审核。

特许人应该有企业资质证明，签约人必须是公司的法定代理人，以完成特许人资质审核。

特许合同许可使用的商标、商号、专利、专有技术和经营诀窍等，合同上应明确其名称、登记号及其登记注册情况、有效期、许可使用的内容、方式和地区等事项，同时还应该出示其有关权属证书的原件。

并不是所有的商标都受法律保护，经国家核准注册的商标即"注册商标"才受法律保护。未经注册的商标被人假冒或者抢注，对特许加盟体系的损害十分严重。因此特许加盟中的商标，应该是注册商标。

（二）特许加盟费用审核

特许加盟活动主要的收费项目有三项，即加盟费、权益金（特许经营权使用费）和保证金。这三项费用的审核，重点看其数额、计算依据和收取的方式，要保证费用描述清楚，不产生歧义。如权益金的计算，如果只写"按收益的3%收取"，这样的条款就会产生歧义，"收益"是指销售额还是利润额呢？

而多数特许人还会设计一些额外的项目，这时审核的重点是这些项目设计的合理性，具体费用的释义，特别要注意收取的方式。例如"广告促销费用"的分摊，合同中应该写明其收取方式是固定金额，还是按销售额的一定比例支付，抑或是按每年实际"发生的广告费用额"分摊，具体费用上缴时间等。这些条款一定要细致再细致地审核，多问几个为什么，并请特许人在合同中对有争议事项进行注释说明。

（三）授权地域审核

授权地域即特许权使用的地域，通常是指被特许人有权使用特许经营权的地域范围，它是特许权使用的空间限制。

关于特许加盟区域的限制，这是一个双向约束，既要求被特许人必须在规定的区域内开设特许加盟企业，也是给予被特许人该区域独享权的约定。

被特许人在审核该条款时，一要明确自己使用特许权的范围，二要明确在该范围内是否具有"专有营业权"。所谓"专有营业权"是"商圈保护条款"，即要求特许人不能在此授权区域范围内再开设其他加盟店或直营店，否则属于特许人违约。本条款防止特许人贪心赚取加盟费，不顾被特许人权益，密集开店，降低被特许人的市场竞争地位。

（四）特许人提供原料、设备等事项审核

通常，特许人会以"保证商品质量"为原则，由其为被特许人提供原材料。被特许人在审核该部分条款时，应该注意其是否对总部提供的原料给予严格的规定，包括供货时间、配送费用、物资供应价格、商品质量等。特别是对原材料供货价格的规定，应该在条款中注明："在同等条件和质量下，总部提供的价格不得高于市场价；或者如果被特许人有能力在保证原材料质量的同时，以更低的价格进货，特许人不能强迫其必须从总部进货。如果因为总部提供原料的质量问题，而导致商品品质的下降以及因此导致营业利润减少，总部要承担相应的责任。"

对总部提供的正常营业用的设备，合同中应该明确该设备是租赁、购买还是无偿使用；合同终止后该部分设备的处理方式，是退换、折价收回还是自行处理等。

（五）总部提供各项服务的审核

优秀的加盟总部，尽管其加盟费相对高一些，但其提供的服务也是物超所值的，且有完善的服务体系和标准化的运营流程，被特许人一旦加盟，就全程无忧。被特许人要审核"义务"条款的内容，明确其基本的权益。

1. 协助开店选址和店面装修设计

优秀的特许总部有一整套选址模型，对加盟店选址区域有明确的要求。特许人愿意帮助被特许人选址，这是未来门店获得效益的重要保证。被特许人在合同条款审核中，要格外关注特许人选址与店面设计的相关手册的完善程度，进一步明确特许人所

给予的帮助。

特许企业因为有直营店的经验和标准化运营的要求，应该具有规范的店面设计和一整套装修方案。加盟店的店面装修如果由被特许人独自完成，不仅费时费力，还可能达不到特许人的要求。所以通常情况下是被特许人出资，总部统一完成加盟店的装修和设计。被特许人在审核该项目时，要注意装修费用等的支付方式及要求。

2. 特许加盟培训指导

关于总部提供的持续经营指导等相关内容，被特许人应该要求在合同条款中明确写明指导的方式、内容、频率、效果等，防止总部简单、应付的指导形式。

通常总部都会有独立的培训部和督导部门，用以负责被特许人的培训辅导工作。被特许人要了解总部的培训体系是否完整，培训人员的数量是否足够，是否能拿出完整的培训方案，有没有专职的培训人员，等等。

被特许人还要进一步了解是否有督导人员负责本加盟店的辅导，该督导人员负责几家加盟企业，多长时间到店一次，督导的形式有哪些，等等。

3. 后续服务支持

后续运营中设备或商品出现问题，能否及时得到总部的帮助和解决；遇到客户投诉，总部的援助支持计划是否完备。特许人的后续服务还包括对被特许人的经营活动进行有效监控，以帮助其保持标准化的运营和持续获利的能力。

（六）产品研发和营销宣传审核

任何企业都不可能一成不变，面对激烈的市场竞争，要有一定的产品研发和市场推广能力。被特许人在合同的审核中，要关注特许人有无"产品研发"等相关事项的说明。

合同中有没有关于总部市场营销的相关说明，包括被特许人对营销费用的承担方式，特许品牌主要的宣传方式及宣传媒介等，是否允许被特许人独立进行宣传推广，是否必须遵循总部的统一宣传策略等。

（七）特许加盟纠纷与违约处理项目审核

特许加盟合同是由特许人统一拟定的，所以会对特许人有一定倾向性。在违约罚则上，通常只会重点列示"被特许人违约的情形及处理方法"，而对特许人违约部分则只会象征性列示。所以被特许人对此可提出相关要求，对特许人可能违约的情形及处理方法进行明确规定，特别是要规定特许人应提供的服务项目及后勤支援项目。

关于特许加盟纠纷的处理，特许加盟合同上要明确列示管辖的法院，通常是以总部所在地的地方法院为管辖法院，比较方便总部人员来往。纠纷的处理程序通常是按双方协商、第三方调节、仲裁、提起诉讼的流程进行。

（八）合约终止后事项审核

特许加盟合同中会规定特许加盟期限，也规定了合同终止的情形及后合同义务。被特许人一定要明确在规定的期限内可以开设几家加盟店，合同到期后是否优先续约以及续约的条件等。

合约终止时，被特许人首先要取回保证金。对此，被特许人要细致地审核合同中"关于保证金不返还事项说明"，主要是针对被特许人违约或欠款等事项，特许人将扣减保证金。

合约终止时，特许人还会要求被特许人拆除特许人的所有标识、店招等，返还所有授权资料、物品等，被特许人要在合同审核中一一确认。

合同终止后，特许人还会要求被特许人在一定时间内不得从事与特许加盟项目相关的经营活动。被特许人在审核合同时，一定要明确具体的禁止时间、禁止内容以及禁止项目与现有活动的相关程度等。

（九）未尽事宜的进一步明确

很多特许加盟合同都会在最后一条写上"本合约未尽事宜，悉依总部管理规章办理"。这时，被特许人应将总部的管理规章一并审核，并将其作为附件附在特许加盟合同后。因为管理规章是由总部制定的，如果总部将合约中未载明事项全纳入其管理规章之中，随时修改，被特许人会处于被动地位。

下面这篇文章以"餐饮特许加盟"为例，详细列举了"审核不严"带来的隐患，给我们的合同审核敲响了警钟。

审核不严，李逵还是李鬼？

审核不严一：没看到总部特许经营资质。

很多创业者在考虑是否加盟一家餐饮品牌时，会优先考虑产品会不会受欢迎，总部的支持到不到位，但是却忽略了最重要的一点：总部是否具备特许经营的资质？许多急于求成的创业者就是因为没有做到必要的审查才落入了骗子的圈套，最终血本无归。

举个例子，赵某想加盟一家火锅店，与火锅连锁店的店主陈某签订了《特许经营加盟协议》，交了3万元的加盟费，店铺也选好准备开始装修了。但很快赵某发现陈某作为个体工商户，根本不具备特许经营资质。虽然通过法院诉讼拿回了加盟费，但是前期投入的大量金钱和精力都付之东流。

审核不严二：收钱就跑路，总部到底靠不靠谱？

特许加盟品牌是否成熟直接关系到一家加盟店能否成功经营，选择餐饮特许加盟的创业者都渴望抱上一条足够粗壮的"大腿"。但是因为缺乏对总部资质的考察，许多创业者盲目地加盟一个项目，最终经营失败关门大吉。

曾经风靡整个亚洲并在中国大举扩张几百家门店的咖啡品牌"咖啡陪你"，在短短三年后就走上了末路，从而也有了被特许人拉横幅"咖啡陪你还我血汗钱"的闹剧。

分析其原因，"咖啡陪你"总部对各门店的管理几乎为零，甚至各门店的饮品和食品原材料都需要自行采购。总部不负责任的管理态度最终导致各门店纷纷倒闭，以及该品牌在中国市场的失败。

审核不严三：我的地盘能不能做主？特许经营区域模糊。

商战电影中经常上演为了抢客争得你死我活的戏码，现实中确实也是如此。消费群体是固定的，同类型店铺的开张势必会影响到企业的经营状况，"一条街别开两家水果店"的道理同样也适用于餐饮特许加盟。

李某特许加盟了一个中餐连锁品牌，在某小区成立加盟分公司，生意做得蒸蒸日上。但在经营过程中发现总公司在同一小区又开设了一家直营分公司，严重干扰了李某加盟餐饮店的正常经营活动。李某只好诉诸法院，法院认为餐饮公司在李某特定经营区域内开展自营业务，违反了诚实信用合同义务，判令其停止经营直营分公司。"我的地盘你得听我的"，约定好授权地域无疑是保证客源的重中之重。

审核不严四：赚钱需要时间，但总部不给时间。

店铺租赁、装修、人员招募，餐饮店铺的经营前期往往需要大量的金钱投入，餐厅的盈利也需要一定的周期。就在快要盈利的时候，总部却突然要收回特许经营权，这可能是世界上最尴尬的事情。虽然听起来匪夷所思，但是现实中这样的案例却数不胜数。

王某特许加盟了一家咖啡品牌，约定特许加盟期限是两年，双方也未约定续约的条件。特许加盟后，王某按照总部要求的装修风格对租赁的店铺进行了装修、装饰，做了大量的前期准备，但两年特许经营期满后，特许人认为王某的店铺经营情况一般，不再与其续约。王某投入的装修费用尚未全部收回，本指望着再过一两年经营逐渐成熟后能够获利，如今却面临着店铺关门的困境。

审核不严五：不谈钱才伤感情！加盟费用不明确。

加盟店与总部之间的财务往来，除了一笔加盟费，可能还会有其他繁杂的费用，如果不在加盟协议中约定好，可能会为之后的经营带来隐患。

刘某特许加盟了一家烤鸭品牌店，双方约定支付加盟费 10 万元，另外还有烤鸭店销售的提成 5%。烤鸭店开业后，刘某在支付销售提成时与对方发生了分歧，刘某认为应该以销售净利润为依据，特许人认为应该以销售额为依据计算。计算方式不同，提成费用相差很大，刘某拒不支付这笔提成，特许人因此也不再提供后续的总部支持，导致双方关系僵化。烤鸭店在后续经营中生意逐渐冷淡，给双方都造成了收入上的损失。

三、签订合同是维护特许加盟权益的保障

签订合同是特许加盟的必经之路，也是争取和保证权益的关键一步。在合同签订中，被特许人要将前期没有明确的事项一一确认清楚，确认补充条款是否添加完善，合同中是否还有模棱两可的事项，并且要讲究一定的谈判策略，在合同允许的范围内争取更多的权益。

（一）确认签约人的主体资格

在签约之前要确认签约人的身份，是法定代表人、授权签约人还是有权代表企业的签约人，一定要有签约人的身份证明和代理证明，防止签约人身份不合法导致合同无效。

签约合同印章的名称一定要和授权企业的名称保持一致，防止代理企业与授权企业间因权责不清导致合同无效。

一般情况下，签约地点多为特许人总部，所以在签约前还可以进一步确认总部的经营情况，与前几次总部考察情况进行对比，防止总部作假。

（二）确认"2店1年"的资质

根据法律规定，特许人从事特许加盟活动要满足"拥有至少2个直营店，并且经营时间超过1年"的条件。被特许人签合约前要审核特许人"2店1年"的资质。"成熟模式、两店一年"是特许人具备民事行为能力的标志，也是对特许人在缔约时是否具有主体资格的判断标准，可以在实践中有效地减少特许加盟中部分不法企业以特许加盟为名实施欺诈行为的现象。经营主体资格存在缺陷或不符合有关规定，将导致特许加盟合同无效。

该项目资质的审核，一是看"2店"是否为直营店。"直营店"是指特许人拥有的店铺，且由特许人直接管理，这样的店铺能保证特许人的经营管理有实践场所和经验积累的可能，符合本条例制订的目的。如果是特许企业收购的同行业、经营同类业务但不同品牌的其他经营实体，且店铺属于特许人所有，这样也满足"2店"的要求，但还要进一步确认"1年"的资质。

关于"1年"资质，该时间限制一定是特许人经营管理该直营店已经超过一年，这样才符合"特许经验积累"的时间要求。至于收购的店铺，如果特许人收购后直接经营管理一年以上，那么特许人符合本条款要求，否则"2店1年"资质无效。

"2店1年"资质审核的目标和原则，是再次确认企业已经开发出具有可行性、可持续发展的成熟的经营模式，已具备为该经营行为提供长远支持、有效依托的能力，可以实现对门店的经营指导、运营辅助，这才是企业寻求长远发展的基础。

（三）确认合同内容与前期审核内容一致

因为前期已经多次审核过合同，被特许人往往想当然地认为即将签订的合同就是前期已经确认的合同，所以会不假思索，或者不再仔细阅读，匆匆签约，往往会忽略合同的细节或小的改动。所以签约时，被特许人要再一次认真阅读所有合同条款，逐项确认是否有歧义，前期是否没关注，现在又有了新的认识……利用签合约前的时间，进一步确认合同条款。签约时法律专家的参与和把关必不可少。

（四）确认自己的加盟目标

签订合同的过程其实是一次商务谈判的过程，在谈判中往往会因为谈判气氛和谐，或者总部"真诚"的态度，被特许人放松警惕，忘记了可以争取的权益或忽略了一些合同条款。所以，为保证目标的实现，被特许人一定要在签约前列示出自己希望达成的所有签约目标，和进一步争取的权益，防止签约后才发现忘记了"关键内容"。

（五）在合同允许范围内争取更多支持

1. 请特许人帮助筹措特许加盟资金

加盟费可能已经确定，特许人不会随意更改，但被特许人可以争取其他的一些权益，解决开业初期资金紧张等问题。例如分期付款、货到付款，或者请特许人做担保帮助被特许人筹措一些资金等；被特许人还可以选择和争取更多的辅导，特许人的支持和辅导包括开业前期的培训和经营中的持续督导。被特许人可以争取更频繁的帮助以及更负责任的督导人员，尽最大可能增强辅导的效果。

2. 向总部争取更多的免费物品支持

加盟开业初期，因为被特许人对市场购买力和顾客喜好不是很了解，所以铺货的准确性不高。被特许人可以争取总部更多的支持，例如更多的试销品、更长时间的试销期等。开业初期，特许加盟企业会有一系列的商品促销，被特许人可询问总部能否在促销产品上给予支持或在开业营销活动礼品上进行赞助等。

（六）明确所有的概况性条款

特许加盟合同中有一些含糊的条款，例如"其他事项""未尽事宜"等。被特许人最好请总部将常见的特殊事项一一列示清楚，或者将其以附件形式补充到合同条款中，防止这些条款含糊化，形同虚设。

第六章　筹——开店资源

加盟合同签订后，被特许人要正式投入加盟店的建设中，争取在短时间内做好开业准备，筹集到所有正式运营所需的资源。加盟店的开业离不开人、财、物三种资源，而特许加盟创业最大的优点是"背靠大树好乘凉"。尽管特许加盟事业是自己的，但要始终依赖和相信总部的支持，才能尽量少走弯路，保证加盟店顺利起航。

加盟知识：特许加盟流程

特许加盟的流程一般经过六个步骤，分别为加盟咨询、加盟考察、签订合同、加盟培训、开业准备和正式营业。

加盟咨询和加盟考察是在第一阶段加盟项目选择中完成的前期工作。"加盟咨询"是潜在的被特许人通过浏览官方网站、电话咨询、展会介绍等方式，了解特许人、特许产品和加盟店运营模式，做出初步判断；"总部考察"是被特许人对有意向加盟企业的进一步了解、考察，通常被特许人会到企业总部、样板店实地走访、沟通、交流，进一步确认企业的优势及加盟的可行性。

"签订合同、特许加盟培训和开业准备"是选择特许加盟项目后，为保证加盟店铺后续的良好经营，所完成的"特许加盟工作"。"签订合同"是加盟双方确认特许加盟关系，保证加盟活动合法性的重要一步，所以要慎之又慎；"特许加盟培训"是特许加盟关系确定后，特许人对被特许人尽的第一项责任。通过培训，被特许人及员工可以较好地理解特许企业文化，掌握特许加盟企业的运营流程和操作技巧，明确自己的工作内容，为即将开始的持续经营做好充分准备；"开业准备"工作烦琐，包括人、财、物的筹备等工作，目的是保证企业经营"开门红"，要通过细致准备，吸引更多顾客光临。

正式营业后，特许人和被特许人双方要勤于交流，各尽责任和义务，保证双方关系健康发展，实现双赢目标。

一、筹措场所资源，在总部帮助下选个合适地点

（一）商圈分析

商圈是以营业场所为核心，吸引到的顾客的辐射范围，即来店顾客所在区域。该范围通常以营业点为圆心，形成一个辐射区域。该辐射区域又可分为核心区域、次级

区域和边缘区域，即所谓的核心商业圈、次级商圈和边缘商圈。无论是大商场还是小商店，它们的销售总有一定的地理范围。其中，核心商圈是离商店最近、顾客密度最高的地方，约占商店顾客的50%～70%；核心商业圈的外围，顾客较分散，市场占有率相对减少。

在进行商圈选择时，首先要根据拟加盟企业的特点，选择特定类型的商圈。特许总部有非常清晰的企业商圈类型，被特许人应根据特许人的建议圈定商圈。

商业区商圈中商业较集中，其商圈特点为辐射范围广、客流量大、交通便利、繁华热闹，多是企业选址的首选。这里适合那些具有普遍适应性，需要一定的客流量，具有流行、娱乐、冲动购买及消费金额比较高等特点的产品的店铺，例如珠宝首饰专卖店。

居民区商圈离居民住宅区较近，主要依托社区居民的购买力，商圈辐射范围较小，商品主要以居民生活常用品为主，顾客群稳定，讲究便利性、亲切感，重复购买率较高，例如生活必需品、水果。

文教区商圈在学校附近，这个区域可以有一所或多所以上的学校。该区域因为学校的存在，能够形成一个小型生活区。商品除了学习用品外，还包括学生的生活用品。文教区商圈商品的特点要符合学生的购买习惯，尽管学生的购买能力相对弱一些，但重复购买率高，客流稳定，适合那些性价比较高的商品，例如文具。

办公区或工业区商圈为办公楼或工厂所在地，顾客以写字楼内顾客或厂区员工为主，商品具有一定的限定性，通常依据服务区人员的特点和商品需求的类型进行划分，具有一定的局限性。其消费特点为具有便利性，消费总量较大。

混合区商圈包括住商混合、住教混合、工商混合等，消费习性多元化。

1. 商圈分析的主要因素

（1）商圈分析，第一看客流量和购买力

客流量是商圈分析的首要因素。商圈分析先要看商圈内顾客的人口数量及相应人口的年龄、性别、职业和收入水平构成等。

客流量的调查通常结合人口数据分析，配合现场观测来确定。我们可以根据不同商圈顾客的一些公开数据来了解区域内的人口数量及消费能力。例如将小区内主要的住宅数量，与相应的家庭人口平均数相乘，基本可以得出区域内消费人口总数。另外，通过小区房屋价格基本可以判断顾客购买力所处的水平。

再详尽一些的客流量数据需要现场观测。成熟的企业都有自己观测方法，被特许人可以根据总部的指导进行观测。

选择合适的观测地点。观测地点应该是路口、商业街出口或者主要的交通站点等。

确定合适的观测时间。观测时间应该以消费时间为主，如午休时间、下班时间。通常情况下，工作日、周末和节假日消费人口数量不一样，所以应该选择各个时间段，取其观测的平均值。

运用正确的计算方法。记录客流人数，可以用最原始的办法即数数法，还可以用计数器测量，或者用其他方法。例如小区内便利店消费人数，就具有一定的参考价值。被特许人可以光顾便利店，以记录获得每天的人流数量。

（2）商圈分析，第二看交通便利性

交通便利调查，主要考察营业点周边的公共交通环境，是否有较近的公交站点，或者交通路线是否发达，主要统计交通路线的数量、覆盖地区、发车频率、运营时间等。生活节奏加快，交通拥堵，顾客越来越青睐就近、便利消费。所以交通便利、容易到达很重要，特别是地铁沿线容易到达的区域已经成为商家开店的首选位置。

（3）商圈分析，第三看消费环境特征

消费环境特征决定消费习惯、消费特点和消费类型，包括所在区域的配套设施情况，是否有区域内的主要购物场所，文教、金融、休闲、医疗场所是否齐备，公共设施（公园、公共体育场所、影剧院、展览馆），这些都会影响加盟店的发展。

（4）商圈分析，第四看商业发展程度

除了上述三点，被特许人还要分析商圈内现有的商业发展程度、竞争力、饱和度和发展潜力。这些是商圈成熟度的重要体现。商圈内商业业态齐全，经营品种齐全，人流密集，说明商圈饱和度高，但其竞争压力也较大；相反，商圈内商店数量少，只有少部分产品能满足顾客需要，说明商圈成熟度低，但未来发展空间大。

在选址过程中，还要密切关注城市发展的进程。商业设施的选址要符合城市发展规划的要求，要考虑在规划地块内建立足够数量的停车位，更重要的是城市交通系统。有些企业选址，相关人员会沿着高速公路去找，高速公路往哪里延伸，就在高速公路出口的地方建一个店。也许此时这个地区还没有开发，房价、地价都比较便宜。但是过了一两年，这个地方马上就会成为商业繁华的地区或者是地价迅速上升。因此，商业选址还要和政府的规划相结合。

2. 成熟商圈的特征

一个成熟的商圈，应该处于城市中的闹市区，商业活动非常频繁。创业者把店铺开在这样的地区，营业额肯定不会低。当然，这样的店铺租金也一定很高。相反，如果在一个商业活动稀少、客流量比较小的地方开店，那店铺的营业额肯定不会高。

一个成熟的商圈，应该在人口密度高的地区。人口集中、居民聚居的地方最适合开店。一方面能满足顾客的需求，另一方面也能让自己赚到钱，而且店铺的收入会非常稳定。

一个成熟的商圈，应该拥有客流量比较大的街道，店铺位于这样的街道上，方便大家购物。

一个成熟的商圈，应该在交通便利的地区。比如位于旅客上车、下车最多的车站附近，或是在几个主要车站的附近。

一个成熟的商圈，应该靠近人员聚集的场所，比如公园、电影院、游乐场，或是学校、工厂、机关的附近。

一个成熟的商圈，应该在同类商店聚集的街区。事实证明，人们在选购商品的时候通常都愿意去那些同类型商店聚集的地区，这样的地区往往更能招揽顾客。

（二）选址遵循的原则

1. 定位与商圈类型吻合

选择商圈，首先要明确被特许人所经营商品的特点和目标顾客，然后再选择商圈类型。如果经营的是卫生用品、食品等快消品（使用寿命较短，消费速度较快的消费品），应该选择在居民区或社区附近；如果经营的是家具、电器等耐用消费品，最好选择在交通便利的商业区。

选择商圈，还要考虑被特许人所经营商品的消费能力定位，是主要面向大众消费群体，还是面向中高阶层消费群体。商圈的选择要和消费能力吻合。也就是说，要选择最能接近更多目标消费群体的地方。

2. 交通方便，容易到达

交通方便一是方便更多顾客到达，或者与顾客行进的路线一致，容易受到顾客的青睐；二是有较大停车场，方便商品配送。所以，公交站点、较大停车场、四通八达的路口往往是店址较好的选择。

选择门店地址的时候，要考虑当地的交通现状，尽量避开单向通行、限制车辆种类、限制通行时间的地方；尽量不要选择道路中间设有隔离栏的街道；附近最好有公交车站或者是出租车车站。需要强调的是，考虑交通现状，不仅仅要考察现在的情况，还要对其趋势进行判断，尽量减少做出错误决策的风险。

3. 人流旺盛，客源好

人气旺盛的地区适合开设店铺，尤其是开设超市、便利店、干洗店这样的店铺。城市新开发的地区，刚开始居民较少、人口稀零，如果又缺乏流动人口，是不适宜开设店铺的。虽然有时候在新建地区开店，可以货卖独家，但往往由于顾客较少，难以支撑店铺的日常运营。

店铺地址，要选择两端交通通畅、往来车辆人流较多的街道，避开"死胡同"；店铺门面要尽量宽阔，朝北的注意冬季避风，朝西的注意夏季遮阳等；要细心观察客流的方向，在较多客流的一侧选址。

4. 专业度高，良性竞争

人们总是愿意到同类店铺聚集区消费，这有利于挑选商品，符合"货比三家"的购物方式。所以店铺应选择同类店集中的街区，这样更容易吸引较多的目标消费群体；

另外，一些综合性市场、购物中心内也是店铺的首选，这些购物场所业态齐全，消费人流量大，容易带动"关联性"消费。尽管这些区域竞争较为激烈，但差异化经营也会带来不错的效益。

5. 店铺租金量力而为

店铺的租买，其成本都是店铺运营的主要费用，往往直接影响了门店的盈利水平。所以在选择店址时，被特许人要量力而为。往往鱼和熊掌不能兼得，往往越是繁华地区，具有优质客流的区域，店铺成本越高。所以，被特许人选址时还要综合考虑这些情况，在租金成本与客流量间权衡。

（三）综合评定确定店址

1. 由大到小，缩小选择范围

选定营业场所，一般需要按先区域、再商圈、最后到店址逐步缩小范围的步骤完成。店址的选择还要考虑店面在这个空间里的感觉，一旦摆上招牌，会很显眼吗？开车经过的人看得到吗？行人能在人行道上就注意到吗？

2. 建筑设施限制店址选择

好的店面就像活广告，不仅很显眼，还能向路过的潜在客户展示自己。此外，建筑设计也是一个重点，这个地点适合零售业吗？吸引人吗？即使是外观设计极为相似的购物街，在质量方面也可能相差悬殊。该商场的建筑质量是否跟它的产品一样好？一定要从品牌打造的角度来考虑建筑设计。

在选择具体店址时，一定要留意细节。例如几个出口？正门是否临街？商店的门是商店的咽喉，是顾客出入与商品流通的通道。商店的大门每日迎送顾客的多少，决定着商店营业额的高低。因而，为了提高顾客的接待量，门不宜做得太小。店面位置要考虑消防通道、卫生设施、进口电线大小，还要考虑排烟、排水、卫生间、空调位置等。

3. 成本负担限制店址选择

要清楚店铺真正的使用面积是多少，公摊面积是多少，停车场的使用情况。考察店址时，物业总会夸大面积。含公摊多少，停车场是同什么企业一起用，消费高峰时还有多少空位，这些一定要确认。

要清楚租金的算法，物业费、水电费、电梯费的公摊。前业主是否欠水电费，入驻后的物业费、水电费、电梯费是多少，在定址前一定要确认清楚。

4. 合同年限、政府的近期及长远规划影响选择

随着电子商务的发展，实体店铺盈利均较少，回本较慢，合同年限的多少和递增状况对加盟店的长期经营和今后的转让均有影响。同时，单行、禁行，道路改造、拆

迁等政府的规划不可不考虑。

二、筹措货物资源，在总部帮助下购入首批物资

（一）设备设施

选好店址后，被特许人就会按总部统一要求进行店面装修。通常装修工作由总部统一负责，被特许人要负担相应费用。总部有开多家加盟店的经验，已经形成了一整套装修的方案，被特许人在装修上会省很多力气。

通常，总部会根据经验给被特许人列出一份设备、设施、备品的购物清单。这些商品种类较多，对刚开始接触这个项目的被特许人来说，采购有一定难度，同时也会花掉一部分资金，占用较多的时间和精力。所以，如果总部能够帮着采购或者提供比较好的进货渠道，被特许人不妨试一试，会省很多时间和成本。

当然，对于这些固定资产的采购，被特许人要先与总部确认，这些设备哪些是可以从总部租赁的，哪些是总部可以支援的，哪些是必须采购的；将来特许加盟结束后，总部是否可折价回收。弄清楚这些事情，有助于降低初期固定资产投入成本。

（二）商品货物

1. 货源的选择

开业前，被特许人要备好货。通常情况下，无论是原材料还是商品，抑或是配料、包装纸、购物袋等备品，都由总部统一提供，被特许人不必再反复筛选供应商，这为被特许人减少了不少工作。因为采购工作其实很复杂，需要筛选供应商，需要对价格等供货条件进行谈判，需要把控商品质量，等等。总部为保证商品质量，应该已经广泛比较，做好了筛选。被特许人要做的是确认清楚进货价格和费用支付方式。

2. 品类的结构

尽管商品品类丰富，但其实每种商品的角色是不一样的。品类角色是企业根据自身的经营目标和产品定位，运用一定的方法和衡量标准，确定商品在经营中起到的作用，即扮演的角色。品类角色的研究使决策者能更好地分配企业有限资源，发挥资源使用的最大效益。

品类角色划分有一种被普遍认可的较为全面的划分方法，即跨品类分析法。这种方法既考虑到了顾客的需求，又考虑到了零售商的需求，也没有忽略市场发展的需要，是一种比较科学合理的定位方法。跨品类分析法将品类分成四个单元，即目标性品类、常规性品类、季节性及偶然性品类和便利性品类。

目标性品类是企业的标志性商品，顾客在选择这类商品时会将本企业作为首选。企业在开业初期一定要明确自己的"目标性品类"，调整好其性价比。选择哪种商品

作为目标性品类，一是要关注顾客的需求，二是看企业在哪种商品的开发上有一定优势。这类品类一般占到企业总品类数的 5% ~ 10%。

常规性品类是企业用来吸引客流、抵御竞争、满足顾客多方面需求并能带来一定利润的品类，例如便利店中的日用品，需要有一定的备货量。

季节性及偶然性品类是那些不经常销售，只是因季节性需求而出现在店内的品类，但却是某个时期零售店的重点经营商品。加盟店在开业初可推出一些特价品、促销品作为吸引顾客、增加利润的品类。

便利性品类是为了满足购物者一次性购买而增加的品类，在满足顾客需求方面能起到锦上添花的作用。加盟店在开业初期资金有限的情况下，可少量进购此类货品。

3. 进货的数量

对于开业初期的进货数量，多数专家认为最好不要一次性进太多的货。虽然大批量进货可以降低成本，但同时也面临着流动资金不足的风险。如果厂家或总部有进货支持，包括试营业期商品可退可换、售后付款等，可以不必考虑资金问题。但加盟店的经营空间是有限的，开业初期加盟店可以选择品种尽量多、数量尽量少的经营模式。

被特许人要确定商品进货量，要考虑企业品类数量与资金量，营业空间大小，目标顾客消费偏好等因素。通过初期试运营，加盟店也可进一步确定顾客的喜好，为未来的品类定位、采购数量确定做准备。

三、筹措人力资源，在总部帮助下选到合适的人员

（一）只选对的，不选贵的

被特许人一旦启动特许加盟事业，身份角色就发生了变化，由原来只要做好自己的事情就"OK"，到现在也要对别人的事情负责，由"打工仔"转变为"创业者"。识人、用人就是身份转变后的一项重要工作。

选人，就是要满足特定岗位、特定工作需要，即因岗选人。选人之前，首先要明确"待选对象需要做哪些工作、这些工作对人的素质和能力的要求是什么"。这对一个刚刚完成身份转换的新人创业者来说，是极具挑战性的，所以总部的帮助必不可少。

（二）流程严格，因需选择

1. 确定岗位

被特许人首先可以参照其他加盟店，在总部的指导下，根据加盟店主要的工作内容，设计加盟店的组织结构、主要的工作岗位和每个岗位员工的工作人数等。

2. 明确责任

招聘的基本原则是因职设岗，因岗选人。所以明确每个岗位的职责很重要。通常

企业会为每个岗位编写岗位责任说明书，对本岗位的工作责任做一个详细描述。这个岗位责任说明书，不仅是招聘的基础，更是考核未来员工工作的准绳。

3. 编写计划

招聘前，为保证招聘工作的顺利进行，应该有招聘工作计划。计划中要写清楚招聘的时间，招聘的主要岗位，各岗位的人员数量，每个岗位的用人要求，包括性别、学历、工作经验、职业证书、身体健康状况等等。根据招聘计划准备招聘表格、理论试题、面试资料等。

4. 发布招聘信息

招聘信息一经确定，应立即通过不同的平台发布出去，争取一定数量的应聘者。通常可选择的信息发布平台很多，比较知名的招聘网站是首选，辐射范围广；地方报纸、广播、电视节目也是一种常见的选择，但通常费用较高；店面招聘是成本为零的招聘方式，将招聘广告粘贴在店面上，方便快捷，容易招聘到目的较明确的应聘人；另外，"朋友推荐"也是非常好的招聘方法，往往更容易了解应聘人；校园招聘也是近几年企业大面积招聘的重要方法，招聘人员素质较高。

5. 应聘人员测试

如果应聘人员较少，被特许人可在总部的帮助下，主要通过面试选聘员工。为提高招聘效率，面试官在面试前可以先详细了解应聘人的应聘简历，圈定一些重点对象，根据应聘简历设定一些有针对性的问题。

如果应聘人较多，通常设定两个环节：笔试、面试，先通过笔试淘汰一部分不合格人员，再通过面试做出最后选择。最后根据测试结果公布录用名单。另外，每一次的应聘者信息可以保存起来作为企业人才库，企业人才库是应对可能的紧急招聘的最好数据库。

6. 关注人员素质

在选人时，要注意以下两点：一是要遵循"人事匹配"原则，即员工的工作能力一定要与工作岗位需求相匹配；二是在招聘中要注意员工的综合素质，包括思想品德、兴趣爱好、学习能力、沟通协作能力等。员工不仅需要独自完成具体任务，还需要团队合作。特别是刚开业的加盟店，往往工作辛苦、收益较少，员工如果没有良好的职业素质，没有对行业的热爱，很容易中途离职，这样既会影响企业经营，又会提高人员培养成本；招聘时还要关注员工的职业经历，是否频繁跳槽，是否有工作经验。频繁离职的员工会形成"跳槽惯性"，所以招聘时要问明其离职原因，慎重选择；职业工作经验有利于员工顺利进入工作状态，因此有工作经验的员工往往会受到招聘人员的青睐，可以作为重点选择对象。

第三部分　特许加盟后

伟大的事业是根源于坚韧不断的工作，以全副的精神去从事，不避艰苦。

——（英）罗素

第七章 建——特许加盟运营

人有人格，店有店风，有货有客，有客有店。加盟店的建设过程是从无到有、从有到盈的过程。万事开头难，从企业成立到开业庆典，以及后续的试运营，每一步都需要稳健地开展。顾客不仅买产品，更买店家做事的态度、服务态度和服务精神。企业生存的根本是惠于顾客、惠于员工、惠于社会。

一、开业准备

（一）工商企业登记

我国新设立的企业需要进行工商登记注册。自 2015 年 10 月起，全国实行企业"三证合一"登记。"三证合一"指的是企业原需办理的工商营业执照、税务登记证、组织机构代码证三证合为一证的登记制度。国务院办公厅在《关于加快推进"三证合一"登记制度改革的意见》中指出："这是维护交易安全、消除监管盲区的有效途径，是推进简政放权、建设服务型政府的必然选择，对于提高国家治理体系和治理能力现代化水平，使市场在资源配置中起决定性作用和更好发挥政府作用，具有十分重要的意义。"

（二）陈列布局

加盟店的装修已经有总部标准化的要求，所以被特许人对此不必有太多的担心，按照总部的指导，完成门店的装修工作即可。但各个门店的结构不完全一样，被特许人也要虚心学习，掌握一定的陈列布局原则，并能学以致用，根据门店结构特点，营造出有特色的门店环境，才能让更多的顾客驻足，并产生购物的愿望。

1. 营造卖场体验氛围

卖场就是商品的家，"家"要温馨、有吸引力，顾客在卖场内购物要舒适、方便，都是卖场布局必须关注的重点。由于电子商务的发展，顾客如果没有足够的理由，是没有必要到实体店去消费的。要将线上顾客拉到线下，卖场的布局要重视温馨、舒适、方便和体验感。

体验感和科技感是近几年实体店应对电子商务冲击的一大利器。例如，重庆京东电器超级体验店的体验式购物就让顾客赞不绝口，念念不忘。区别于传统电器消费卖场，重庆京东超级体验店不仅拥有最丰富、最时尚的电器潮玩，更注重"沉浸式"体验。

比如咖啡机体验区、养生壶体验区、洗衣机体验区、节能空调场景体验区、按摩体验区、空净体验区、梳妆间体验区等等。该卖场还有最具科技感的购物环境和服务——全国首个 5G 全覆盖的电器卖场，多种科技智能服务硬件，如导购机器人、语音智能互动屏等。顾客在这里即便不买任何东西，也可以玩得尽兴。

2. 讲究商品陈列技巧

陈列是一门综合性艺术，也是一种营销手段。卖场通过陈列，综合利用橱窗，货架，模特，灯光，音乐，POP 海报（POP 本来是指商业销售中的一种店头促销工具，其样式不拘一格，以摆设在店头的展示物为主，如吊牌、海报、小贴纸、纸货架、展示架、纸堆头、大招牌、实物模型、旗帜等等，都在 POP 的范围内，主要商业用途是刺激引导消费和活跃卖场气氛），通道等，可以达到刺激、引导、促进销售，提升品牌形象的目的。

商品陈列需要遵循一定的原则：

显而易见原则。"显而易见"即商品很容易被顾客找到，这要求商品陈列清晰可见，不要遮挡商品品名，贴有价格标签的商品正面要面向顾客。

便于挑选原则。为方便顾客在众多物品中挑选出心仪商品，可以采用同类商品纵向陈列、不同商品分区陈列，以及利用颜色差异合理搭配等方法，让商品更醒目，更易选择。

易于拿取原则。要求商品陈列在人力可触碰到的正常区域陈列。同样是可拿取的商品，在人眼平视区域最易被顾客发现，也是最容易产生消费行为的陈列区域。

丰满陈列原则。要求货架商品陈列尽量丰富、充盈，给顾客以种类丰富的感觉，提升消费欲望，产生更多的消费机会。切记商品是丰满陈列而不是拥挤填充。

整齐清洁原则。强调商品摆放空间干净、整洁、条理清楚，这是商品陈列的基本要求。货架陈列区要定期打扫、擦拭，保证其卫生条件，陈列的商品没有破损、污物、灰尘。

先进先出原则。符合商品保质期要求，陈列商品时要将先进货的商品放在前端，保证其先被顾客购买，尽量让生产日期在前的商品先销售，避免商品过期损失。商品补货时，要将后补充商品放到货架陈列的后排，前期陈列商品前移。

关联陈列原则。保证相关、互补、容易产生关联消费的商品陈列在较近位置，例如著名的"啤酒＋尿布"关联陈列。关联陈列的主要目的是方便顾客选购，减少其找寻商品的时间。同时，关联陈列又是商家刺激消费的好方法。

安全陈列原则。商品陈列首先要保证顾客的安全，减少因陈列不当造成的顾客伤害及商品的不必要损耗。例如商品陈列过高倾倒砸伤顾客，商品陈列过重压坏下层商品等，商品陈列要有高度限制，陈列时也要讲究上重下轻等规则。

商品陈列要在遵循陈列原则的基础上，格外注重橱窗陈列、特殊区陈列。

橱窗陈列是企业及产品的宣传窗口，通常会进行当季畅销款、主推款陈列，或者进行季节性、主题性陈列，体现品牌特色。不论哪种橱窗陈列方式，目的都是吸引顾客的关注，展示品牌风格。所以企业多会精心设计、定期更换，以鲜艳、亮丽的颜色为主，配以一系列道具，成为一个品牌展示舞台。

卖场会不定期地进行促销。专家调查发现，通过促销区陈列，往往促销一天的销售量与非促销期一个星期的销售量持平，有时还会超过非促销期一个星期的销售量。在卖场空间有限的情况下，企业也会拿出一个区域进行主体促销，通常采用"岛屿式或堆头促销陈列"。这时候的促销一定要主题明确，配合促销POP的展示，打造与主题相近的陈列创意。

货架端头是指双面、中央陈列货架的两端。货架端头因为朝向通道，顾客往往很容易关注到，客流量也较多，所以是一个黄金陈列点。企业多会将利润较高、有促销需求或者一段时间内的主推商品陈列在这个位置上。货架端头陈列的商品不会很多，因为位置有限，通常是某一类商品，例如某品牌某个口味的方便面；端架位置的促销效果好，所以企业都会非常重视该位置的商品陈列，通常会将具有一定关联性的组合商品进行端架陈列，促销效果则更好。

收银区是顾客必经之路，会有短暂停留，所以也是一个不可放过的黄金陈列点。收银区空间有限，所以通常陈列小型物品，颜色最好鲜艳一些，而且还要经常换新。收银区还可以摆放毛利润较高、易引起顾客注意的新奇商品，或者能引发顾客冲动性购买的商品。

3. 增加店铺店店铺广告

店铺广告可以充分利用营业点的可利用空间，将营销信息迅速传递给顾客，具有精准度高等特点。例如摆放"特价促销牌"，让顾客在浏览商品的同时，关注到促销点进而产生购买欲。开业初期卖场会有很多宣传需要，包括开业促销宣传、会员申请细则，甚至还有招聘信息等。被特许人要善用销售空间，合理宣传，促进信息推广。

重要的宣传内容可采用悬挂宣传幅等方式，特别是开业庆典、店庆活动等的宣传信息，可以采用悬挂横幅和条幅的方式进行宣传。悬挂的最佳位置通常在卖场街边和正门前，或者较大的空间墙上；条幅一般是红底黄字，或者是蓝底白字，内容简洁醒目、突出重点、有一定的冲击力，以引起顾客的特别关注。

凡是在营业空间、销售场所、卖场周围、商品陈列架等展示的广告物，都属于POP广告。POP广告色彩鲜明、图案美丽、造型突出、动作幽默、语言准确而生动，可以营造强烈的销售气氛，吸引顾客的视线，使其产生购买冲动。

所有待售商品都会有醒目、统一的价格标签，方便顾客了解价格信息。促销、打折商品会附以特殊颜色价签以示区别，并标有特价或折扣字样。为更好促进这类商品的销售，可以在促销商品附近利用POP广告给予"特价"提示，会更容易引起顾客的关注。

（三）人员培训

1. 培训内容

员工可以从企业文化、工作制度等开始认识企业。通过入职培训，员工能熟知企业各项管理制度，包括考勤制度、工资福利、晋升流程、奖惩制度等；通过入职培训，员工能理解并接受企业文化包括企业精神、核心价值观、企业目标、社会责任，还包括企业 logo 的含义，企业的发展历史、发展战略、发展目标等。

员工岗位工作要领、技能和方法是培训的重点。培训分为两个阶段，一是开业前的入职培训，通常在企业样板店内，对所有岗位的基础技能进行扫盲式培训；二是开业后的现场指导。具体培训内容要依据企业工作内容而定，通常会包括工作流程、收银作业，多种支付方式的使用方法，陈列、补货方法，盘点、要货作业，营销方式，促销策略，报表编制，财务知识，等等。

商品知识、服务规则培训有助于员工更好地完成顾客服务，提升顾客购物乐趣，提高消费转化率。商品知识包括商品特性、使用方法，服务规则培训内容包括服务礼仪、服务方法、投诉处理等。

2. 培训方法

几乎所有的企业培训都会从理论学习开始，培训的地点可以选在总部的培训室。如果接受培训的人员较多，也可以租用培训教室等。初期的理论培训侧重介绍企业文化、价值观、制度等；对于加盟店，还应该包括对加盟知识、加盟义务等的进一步介绍说明；业务知识的理论铺垫也应该在此阶段教授，例如商品知识等。

员工主体的培训应该在样板店内，边操作边学习。这个阶段也分为看、学、练三个步骤，员工逐渐由认知、学习到亲自实践，逐步掌握工作要领。优秀的特许企业有自己的培训讲师队伍，由专、兼职讲师构成。一线优秀员工可作为重要的兼职培训讲师，他们有丰富的操作经验，可以用"言传身教"的方式让员工掌握技能要领。

特许人授权的内容中还包括加盟店经营指导手册、员工手册、店长手册等。员工手册中有详细的工作岗位责任要求和操作要领。员工在培训后，还需要经常性地利用员工手册随时学习、随时规范岗位操作要领。

二、开业宣传

好的开始是成功的一半，开业宣传必不可少。开业宣传期一般为 10 天左右，开业前 10 天即可发放宣传资料，加大广告宣传力度；临近开业可以进一步增加宣传内容，如提前办理会员卡、推广微信公众号、悬挂促销横幅，以增强宣传效果。

（一）宣传准备

开业宣传是开业前的序曲，目的是引发顾客关注，争取更多顾客参与。开业前宣传的重点是店铺特色、开业时间、开业地点及开业酬宾活动等内容。开业宣传准备很重要，要丰富、齐全，有专人负责，确保万无一失。

1. 宣传资料准备

开业宣传资料主要是制作精美的开业宣传单。为了能让宣传资料更具吸引力和冲击力，达到宣传的目的，宣传资料内容要站在顾客的角度，将顾客最想获得、最关注的信息进行全面展示。

通常，宣传资料上要有企业 logo 和宣传标题，让顾客迅速了解加盟店定位与自己的相关度。标题的设计要新颖、有共情力；宣传资料侧重在产品和服务介绍上，这些内容是顾客最为关心的，所以即使宣传篇幅小，也要清楚地展示这部分内容；最后别忘了标明加盟店的地址、开业时间和开业期间的优惠活动。

除了要准备宣传资料内容外，还要注重版面设计，特别是色彩的搭配。将店面图片作为背景也是不错的选择，但一定要从整体效果出发，千万不能为多展示而乱展示，不然可能会收到相反的效果。

大部分顾客拿到宣传单都会看后扔掉，但如果上面有些实用信息，也许就会被保存。被特许人可以开动脑筋，将与商品相关的常识、知识、生活窍门等印在上面，会有不一样的效果。所以，尽管宣传资料是商业化的宣传品，但非商业化内容的加入会给宣传效果加分。

2. 宣传物品准备

开业宣传期间要用到大量的宣传品、礼品、赠品等物资，被特许人要在开业准备期间，详细列好清单，一一备足。

宣传礼品主要是为参加开业庆典的嘉宾准备的。被特许人要提前列示好出席庆典的嘉宾，分别写清各自应该发放的礼品。礼品价值要适当，包装精美，最好和企业文化或商品、品牌有一定关联，这样更能突出企业特色，成为加盟店的无形宣传品。

赠品主要是用来满足开业促销期间顾客的买赠或者抽奖的需要。通常开业期间的促销力度较大，会给予顾客折扣、赠品或者抽奖机会。如果是抽奖，事先要确定各个奖项的数量和奖品金额，据此准备充足的奖品；如果是赠品，也要确定赠品的比例、数量、金额、类型，列出明细单，充足准备。

开业赠品、礼品的准备最好能得到供应商或总部的支持，既是对赠品供应者的宣传，同时又可以降低开业额外费用；赠品也可以是公司的商品，这样可以带动其他商品的销售，加大商品宣传力度。但不论赠品如何选择，一定要注意其质量，切勿"蒙混过关"。很多加盟店开业宣传以赠品为名，只赠些劣质商品，损害了顾客的"信任"。

赠品可以少，也可以低价，但低价绝不代表低劣，企业要把握好度。

开业期间，为配合开业宣传和开业庆典，还需要准备很多耗材、宣传用品、设备等。车辆、音响、照明、录音、摄像等设备，庆典彩球、礼仪服装、彩带等宣传品，剪刀、胶带等用具，画册、贵宾卡、优惠卡等物品都不能少。用品较多，分项列式，仔细准备，并要保证能够正常使用，避免使用时才发现漏洞百出。

（二）宣传方式

大型店铺、有一定资金实力的加盟店会在开业前通过报纸、广播或者电视、网络等媒体进行开业宣传。这些媒体宣传面广、效果好，有一定的影响力，但收费也偏高一些。

更多的加盟店在开业阶段都不会放弃自有条件，会在店铺周边通过醒目条幅、广告、宣传画等方式进行有效宣传。这种广告方式不但成本低，而且还容易引起目标顾客关注，使其更容易记住店铺位置。

加盟店在宣传期间，也会制作一些宣传单，用以展示店铺形象、主要商品以及店铺位置、营业时间、开业优惠等内容，采用邮寄、定点派发、选择性派送等多种方式宣传。这是一种成本较低、效果较好的宣传方式。

在门店宣传期间，可以通过提前办理会员卡、推广微信公众号等方式增加人气，为即将开始的试营业做好准备。

（三）开业庆典

新店开业，必要的庆典不可少。开业庆典主要是图个好彩头，刺激消费，增加消费量。开业庆典可以提高知名度，扩大影响，为今后的营业奠定基础。借开业庆典活动，加盟店可以拥有第一批会员客户。

为实现庆典效果，制作周密的开业庆典策划方案必不可少，方便后续工作人员各负其责进行筹备。庆典方案应该涵盖庆典活动流程、前期准备、主要人员分工、现场布置、主要到场嘉宾、庆典预算等。

开业庆典需要有一个主题，用以指导庆典活动。庆典的主题最好用简短的语言描述，便于宣传。同时庆典主题最好和企业文化、门店定位和主营商品相吻合，这样方便顾客更好地了解加盟店。例如，某酒店开业庆典主题为"你我共建美好家园"。

通常，开业庆典活动的地点多在加盟店，依托营业地宣传，吸引顾客进店消费，也可以选择大型的会议场所。庆典的规模要和企业的资金实力和宣传目的相吻合，要保证场地交通顺畅，环境良好，有一定的活动空间和停车位置。

提前邀请嘉宾。开业庆典的嘉宾中应该有总部相关领导、负责人，还应该有对加盟店建设有过帮助和支持的人，以及相关的主管部门负责人等。邀请嘉宾的方式要正式一些，最好通过发邀请函，再配以电话、传真等方式，总之要体现加盟店的诚意，确保嘉宾收到邀请。

确定开业时间。开业庆典时间通常都会选择比较吉利的数字，也会和节假日相结合，充分利用节假日休息时间进行促销，同时还要注意天气情况。

开业庆典要有开业剪彩或开门仪式，邀请嘉宾讲话、剪彩等，用以表示加盟店正式开业。主要环节包括：第一，聘请专业司仪或主持人，作为整场活动的串联人；第二，嘉宾讲话、被特许人致谢等活动是开业庆典不可或缺的环节，要提前确定讲话人选；第三，剪彩或宣布正式开业。

开业庆典的重头戏，离不开开业促销活动，目的还是要带动销量的增加，让更多的顾客体验商品和服务。通常，开业促销活动包括全场商品打折、开业特供、打特价、买赠活动，以及抽奖等。总之，折扣和优惠活动要有足够的吸引力，让顾客真正尝到实惠。开业促销可能会带来较大的销量，所以要有充足的产品准备和促销宣传。店内促销广告要醒目，商品促销价签要明显，不要出现不实的价格。

开业当天可能会有较大的人流量，要注意安全，保证服务人员人数充足，及时解决服务中出现的问题等。开业庆典中，还要有一些非商业的宣传活动，提升品牌文化和顾客的参与度。例如，饺子加盟店的开业庆典中可以加入"饺子知识问答、包饺子和吃饺子比赛"等活动，达到活跃气氛、加大宣传力度的目的。

三、开业运营

加盟店开业后都有一段时间的试营业。试营业期间，总部会给予很多帮助，包括商品采购可以售后付款，销售剩余产品可以退货，督导员会全程指导，等等。目的就是让加盟店在正式营业后能迅速走向正轨，早日盈利。

尽管试营业名为"试"，但其实已经开始营业，顾客不会因为"试营业"就降低要求，各项工作和流程都要严格按照正式营业要求实施。

试营业的目的是评估营业各流程、各环节运作是否顺畅，各岗位能否完成工作，营业活动开展有无问题，顾客的总体反馈情况，等等。试营业期间，各部门人员要按规范流程运营，有效配合，及时发现可能出现的问题，不断调整各项工作，尽快让运营工作走向正轨。

一旦加盟店开业，被特许人要围着三件事转，即商品管理、服务营销和人员培养。不论总部给予被特许人多么全面的帮助，被特许人都要自己成长，独立完成企业运营，这样才能真正走向发展之路。

（一）商品管理

商品的管理步骤包括"进、销、存"三个环节。

1. 进货管理

商品进货管理是源头管理，一是要保证商品质量，即把好验收关；二是要保证商品适销对路，即要对货；三是要保证适量库存，即合理进货。

网上订货非常方便，被特许人通过网上订货系统，从总部获得进货支持，一小部分商品自主采购。通常总部有统一规定的配送，被特许人要做的是根据销售需求合理确定品类结构。总部的备选商品种类繁多，被特许人一开始是凭着经验和总部的建议，进行品类规划的。随着运营经验的丰富，被特许人可以根据以往的销售记录，逐渐调整品类结构，使其更好地匹配顾客需求。作为加盟店的责任人，被特许人要有意识捕捉消费信息，大胆开拓品类需求，让品类结构更合理，让服务更具特色。

进店商品，验收不能马虎，严格执行验收流程，对商品数量和质量分别验收。一看外包装，如果外包装已经破损，要和送货人员交接好，分清责任，完成退换货工作；二查商品数量，采用合理的计算方式，通常是计数法和计重法，保证商品没有短失；三要抽检商品质量，采用随机抽检方式，严格核对商品检验标准，保证质检证书等齐全。

商品进货数量是个不好把握的指标，刚开始被特许人往往比较保守，加之开业初期消费量可能也较少，进货数量也少；随着经营活动的进行，被特许人逐渐放松警惕，要货量也不断增多，但要切记合理进货。特别是物流越来越发达，商品配送及时性越来越高。被特许人可以在安全库存的基础上，降低进货量，增加进货品种。这样有利于合理利用有限运营空间，使更多的商品得到展示，有效降低库存成本，减少库存积压带来的不必要损失。

在商品管理里，销售数据很重要，通常 POS 机中每日各种商品的销售量是确定安全库存、再订货点和订货量的关键数据。所以，管理者要善于利用已有的数据资料，做好数据分析，让管理更科学。

再订货点 ＝ 平均日销售量 × 平均订货周期 ＋ 安全库存

订货量 ＝ 平均日销售量 × 订货周期

2. 销货管理

没有一家企业不重视营销环境对顾客的影响。各企业纷纷打造舒适、有特色的营销环境，以此展现企业服务特色，让顾客爱上这里，喜欢来这里。环境营造体现了被特许人的小创意。被特许人要动脑筋、巧构思、多学习，在环境营销中不断总结经验。加盟店的整体营销环境自主权不大，但可以在总部的统一规范下，做到干净、整洁、温馨、舒适和便利，如用绿植点缀、播放轻音乐等等，让顾客在愉悦的环境中完成消费过程。

体验营销是互联网经济发展的产物，是实体经济对抗电子商务的营销利器，它通过看、听、用、参与等手段，使顾客对商品服务产生新思考的创新营销方法。加盟店可以通过商品体验、活动体验、科技体验等方式，吸引更多的顾客进店、使其加深对产品和服务的了解，从而产生消费行为。例如卖场内商品试吃、试用，购物中心内虚拟体验技术……这些都是通过活动体验带动客流、刺激消费的方式。

3. 存货管理

商品储存过程中的盘点工作可以有效降低储存中的损耗。盘点工作可以根据需要采用日盘、定盘和抽盘方式进行。

日盘是员工在每天工作过程中对价值较高商品的盘点，目的是保证随时随地掌握贵重商品的库存情况，发现不合理的损失，避免偷盗等情况。日盘方式简单，不占用更多时间，在工作间隙或者交班时、闭店前的时间完成，只对金额超过一定数量的商品进行点数，做好记录。

定盘通常每月进行一次。这种盘点工作量大，要提前做好准备，通常在非营业时间进行，全体员工参加。盘点前结清所有账项，不再接收货物，将货物归类，严格执行盘点流程，进行全面盘点。

抽盘是因为商品临时出现问题而进行的个别商品盘点，例如因某商品下架召回、某些商品毁损严重等进行的抽盘。

（二）服务管理

商品和服务是赢得顾客的关键。加盟店的商品开发任务由总部完成，加盟店作为服务顾客的前沿阵地，服务质量成为其取得竞争力的关键。

1. 严格按照总部服务流程进行营销

优秀的总部已经有成熟的服务营销技巧和流程，并在加盟培训中有针对性地进行培训。被特许人在运营中，一定要严格按照服务营销流程进行服务。这不仅是被特许人应尽的业务，也是加盟店运营成功的基础。被特许人要注重服务技巧，除认真参加培训学习外，还要勤加练习，在日常运营中请督导人员进行现场指导，保证服务的顺利开展。

2. 重视服务细节，提供有温度的营销

服务营销技巧和流程很重要，但要和顾客建立真正的信任关系和产生消费黏度，服务过程中的细节、文化和温度更重要。

营销是谈话的艺术，语言在营销中起着至关重要的作用。营销人员在与顾客接触的过程中，要用语言传递服务、介绍商品、感受需求、刺激消费。在语言营销中，规范、礼貌、亲切、真诚是基本要求，如能融入以下几点，将会取得更好的营销效果。

一用丰富的商品知识营销，体现服务的专业性。大部分顾客是信息不对称的，对商品知识了解甚少，他们希望营销人员能准确介绍商品，特别是希望能在商品介绍中，了解到商品与自己需求的匹配性。营销人员专业的商品介绍不仅是其高水平服务能力的体现，还是商品专业化服务能力的体现。最终，营销人员是用专业化的商品和服务

打动顾客的。

二用听得懂的语言营销，体现服务的体贴性。很多专业性的产品特别是电子产品，其专业术语总是让顾客一头雾水。如果营销人员能将这些晦涩难懂的技术术语，换成顾客听得懂的语言，无疑能使顾客更容易接受，更容易建立信任感，从而产生消费行为。

三用打动顾客的语言营销，体现服务的精准性。物流畅通、企业广泛布点、商品的同质化越来越明显。商品、服务的差异性成为顾客选择商品的一个原因。营销人员作为顾客的第一接触者，要有促使顾客消费的能力。对商品的介绍，特别是对商品差异化的介绍，能让顾客迅速了解到购买 A 不购买 B 的理由，帮助顾客克服选择困难症，做出决定。

由于工作节奏的加快，很多人不重视服务细节。例如卫生死角的存在，服务尊称的省略，或者麻木的表情，这些都使服务变成了流程。然而真正优秀的企业是从服务细节做起的。在同质化商品越来越多、企业更重视商品性价比的时候，服务质量高成为取胜的关键。企业的终极产品是服务。当可选择的空间越来越大的时候，顾客也就越来越倾向感性消费，因为喜欢而选择，成为顾客的普遍想法。

例如，有人在网上买了两本书，完全不同的包装快递方式，一本书在外包装上又增加了防潮保护；另一本书孤零零地放在快递包装盒里，因为盒子破损，胶带粘到了书皮上。两种不同的寄送方式体现了不同的营销细节，小小细节能体现企业的服务态度和做事情的严谨程度。

3. 处理投诉，体现服务品质

企业很怕顾客投诉，因为不管是自己的问题还是顾客的误解，处理的过程都费时费力，处理不好还会影响企业形象。所以，"顾客投诉"管理最能体现一个企业的客户服务能力和品质。

企业对"顾客投诉"要做到"思想上重视，行动上有办法，管理上有规范"，安排专职的人员负责，面对顾客投诉不躲不靠，及时解决，不留负面影响。

要第一时间将顾客的投诉交给专职人员负责，保证处理的专业和及时。客服人员首先要安抚顾客，请他将所有的不满情绪尽情发泄出来，不要过多打扰，只耐心地倾听。当顾客将"不满"发泄出来的时候，问题就已经解决了一半。

迅速了解顾客投诉的原委，确认顾客投诉的内容，并找到相关工作人员，查明原因，确定"投诉"性质。顾客投诉内容通常包括商品质量问题、服务态度问题、商品价格问题，以及商品退货不畅、服务承诺没兑现等问题。

根据已经确认的投诉问题的"原因及性质"，报告给主管领导，请求及时解决。如果确实是企业的原因，企业责任人及其领导要就事件负主要责任，承担相应的惩罚并致歉，特别是对顾客的致歉一定要及时、真诚，尽量满足顾客的赔偿要求；如果不是企业原因，是第三方原因，企业要及时将问题反馈给顾客，得到其谅解，并帮助顾客与责任方联系，协调解决二者的矛盾。另外，尽管是第三方的原因，企业作为关系人也不能推卸责任，应该帮助顾客找到真正的责任人，协助其解决问题；如果产生投诉的原因是沟通上的误会，要及时解释清楚，请求顾客的谅解，并给予一定的补偿。

顾客投诉处理完后，事情还没有结束，企业还应该就此次投诉事件进行总结，并给予相应责任人一定的处罚，尽量避免类似事件再次发生。不论此类投诉事件是否造成坏的影响，都说明企业在管理上存在一定的漏洞。所以规范管理，从源头解决问题才是优化管理流程的落脚点。

事情妥善处理后，还要进行事件追踪，防止投诉事件造成不良的社会影响。如果已经有了一定的社会影响，就要采用危机公关，向社会公布处理进度和处理结果，并就事件造成的影响进行真诚的致歉，还要了解顾客对投诉处理结果的满意程度，并进行电话回访。

（三）人员管理

特许加盟创业后，被特许人不是一个人在战斗，而是在特许人的帮助指导下和团队成员一起经营特许加盟项目。被特许人不仅要管理好特许加盟项目，还要管理好员工，因为人是各项资源的第一要素。被特许人有责任让员工在工作中获得成长、有所收获，这样才能得到员工的支持。

1. 合理的薪酬

人工成本是除租金外另一项高额费用。工资是员工的基本生活来源，是对员工最有效的激励方式，如果连这项激励都没有了，就很难调动其积极性。所以，公平合理的工资是员工管理的第一要素。

员工的工资首先要严格遵照《中华人民共和国劳动法》的标准制订，并参考同行业、同区域工资标准调整，尽量在资金允许的情况下，让工资水平具有吸引力。

公平薪酬有助于和谐工作环境，调动员工的积极性。"公平"本身就是一种激励。

如何做到公平呢？公平薪酬要建立在规范化的考评制度的基础上，由考评成绩决定工资绩效。所以，薪酬考评体系的建立是人员管理的基础。对于初期创业者，建立薪酬考评体系有一定难度。被特许人可以参考总部的成熟经验，也可以学习同行业的做法。总之，有理念、有方法才能做到薪酬公平。

分享的理念是让被特许人在与团队一起创业的路上，能够将企业的收益回馈给一起奋斗的员工，而不仅仅是合伙人、投资人。企业效益的军功章有员工的一份，如果仅仅认为员工拿了工资就应该努力工作，而不愿意分享企业发展所带来的收益，那么凭什么要求员工加班，完成非责任内的工作？凭什么要求员工更热爱企业呢？

2. 不断激励

现在，年轻的员工越来越追求个性，往往一切事情都以"喜欢"为基础。工作激励就是让员工喜欢工作，喜欢工作环境，愿意工作并表现出高度的工作热情。员工的工作热情不仅可以带来较好的工作业绩，更可以有效解决员工流失问题。目前，企业人员管理中让人力资源主管头疼的一件事就是"高流失率"，提供让员工喜欢的工作被认为是留住员工的较好方法。

激励的方法很多，刚才提到的合理薪酬、公平待遇都是激励的方法。根据"双因素"理论，能够使员工对工作满意的激励因素只有"更具挑战的工作"，所以不断地给员工更多锻炼的机会、富有挑战性的工作都是有效的激励手段。管理者一定切记，激励的大忌是"以有限的资源满足员工无限的需求"。所以管理者要多动脑筋，因需满足就是最好的激励方法，一个生日会、一次进修的机会、较自由的工作时间……都是激励的方法，激励效果的好坏取决于被激励对象需求程度的高低。

3. 给予发展的机会

发展的机会是员工在工作中最看重的因素，被特许人作为管理者也有责任让员工在工作中不断成长，并有进步和发展的机会。

员工在工作中会遇到各种问题，可能来自工作本身，也可能来自工作环境，或者来自家庭。人力资源管理者应该关注员工情绪上的变化，在能力允许的范围内给予一定帮助，留人要先留心。在员工困难的时候，向其伸出援手

员工的发展来自工作能力的提升，因此企业要为员工提供培训的机会。员工的培养要分阶段，入职时的培训和教导是第一阶段，是为了胜任工作而进行的培养；员工职位的晋级是第二阶段，是为了提升员工的能力而进行的培养；工作岗位的轮值也是一种培养。除了工作中的培养外，外出培训学习是更直接的培养方式。

管理者要提供让员工展示自我的舞台，员工在展示中得到锻炼和认可，工作归属感会更强，工作能力也会得到锻炼和提高；管理者要为员工提供成长的平台、良好的学习环境、尽职尽责的工作氛围、你追我赶的工作态度……这些优秀企业文化的塑造就是员工成长的最好平台；管理者还要给员工挑战自我的机会，更多的内部晋升途径、内部选拔机制……让员工看到发展的机会。

开业初期，工作多任务重，管理者要和员工一起战斗在第一线。管理者既是所有者，又是管理者；既是领导者，又是初学者，所以对营业业绩负有第一责任，要和员工一起学习，争取获得良好的经济效益。

第八章 尽——特许加盟义务

特许加盟事业须向着同一个目标携手共进，为同一个梦想努力。合作不仅是一种积极向上的心态，更是一种智慧。商业合作必须有三大前提：一是双方必须有共同的利益，二是必须有合作的意愿，三是双方必须有一起努力的打算。此三者缺一不可。

一、被特许人应尽的义务

（一）维护品牌价值

1. 理解企业文化和核心价值

所谓志同道合，只有真正理解并认同企业文化，明确企业产品、客户定位，才能更好地经营品牌和商品，才能在有分歧时，以维护品牌价值为出发点，不意气用事，不做有损企业信誉的事。

选择特许加盟项目时，首先选的是品牌价值。企业文化和价值是企业营销服务的根基，只有认同企业文化，才能在理解的基础上维护品牌声誉。选择特许加盟项目就是在选文化，一旦做好选择，被特许人就要坚定地相信特许人。

在日常经营活动中，被特许人不能做有损品牌形象的事，例如不卖假冒伪劣商品，不克扣顾客应获得的服务，不随意抱怨总部的品牌或服务；有义务维护特许品牌价值，主动与各种侵权行为做斗争。无论侵权行为是顾客所为，还是其他被特许人所为，抑或是关系人的自私行径，被特许人只要发现，就应尽力澄清事实真相，并有义务及时报告总部，以便总部采取有效措施阻止事态的蔓延。

2. 不断增加企业收益

加盟店增加收益就是在提升企业价值；反过来，企业品牌价值提升又会促进效益的增加，二者相辅相成，互相促进。

在特许经营中，被特许人会存在两个极端现象，一是自主性太强，不愿意听从总部的管理和指导，总是认为"没什么"；二是依赖性太强，不能独立进行经营活动，凡事都靠总部的帮助。

被特许人有义务迅速成长，掌握加盟店经营管理方法，独立运营，不断增加单店效益。加盟店的经营要遵循"师傅领进门，修行在个人"的原则。总部已经提供了应有的培训，应该提供的指导和帮助，已经完成引领任务。如果想在接下来经营好自己的事业，被特许人自己还需努力。被特许人千万要摒弃"一旦加盟就找到了后台，就有了赚钱的把握"这种错误的认识，创业成功的关键因素还是自己。

被特许人要有能力结合商圈特点开展针对性营销活动。相同的企业，目标市场不同，顾客的需求有差异；有责任结合市场特点，分析消费需求的特点，开展有针对性的服务；在领悟到企业的经营理念、学会基本的经营技巧后，还要在经营实践中多思考、多分析，重点是分析顾客，利用消费信息大数据，学习相同商圈内同业竞争者的经营经验，不断开展有针对性的道德营销活动，做到真正的立稳脚、有未来。

被特许人要有不畏困难、勇往直前、不断挑战自我的不服输精神。创业者在创业初期一定会有很多不适应：快节奏的生活，再不能保持朝九晚五的生活节奏；每天有做不完的工作、解决不完的问题，再也没有真正的下班时间；尽管这样，业绩也可能还是没有太大起色。也有些创业项目，一开始在总部的支持下，在初期各种营销活动的帮助下，经营业绩有个"开门红"。但很快，业绩变得平平，顾客也越来越少。不论经营初期出现什么样的现象，被特许人都要有不惧怕、不退缩、不放弃的创业精神，和总部一起努力，相信在总部的帮助下，在全体员工的努力下，一定会越来越好。

被特许人要有尽职尽责、全力以赴开展业务的开拓精神。加盟店效益的持续增长，离不开创业者的亲力亲为。被特许人不是蛮干，而是在认真学习特许加盟项目技能、技巧的同时，深刻领会特许加盟项目的核心竞争力所在；要有创新精神，这体现在日常运营中，在遵照总部运营要求的情况下，能创造性地完成商品营销、选品组合等自主运营环节。

3. 展示品牌良好形象

加盟店作为整个加盟体系接触顾客的前沿阵地，代表着特许品牌。被特许人要按总部指导完成客户服务工作，在顾客服务中要以品牌代言人身份要求自己，传达品牌理念，展示商品服务特色，体现企业全心全意服务顾客的文化。

环境也是企业营销的一部分。加盟店在按照总部的统一店面形象装饰陈列后，要努力营造舒适的购物环境，保持整洁、舒适，避免店面杂乱、嘈杂。店面要有合理的动线布局，引导顾客迅速找到所需的商品；要有醒目的价格标签让顾客了解消费信息；要有安全的购物环境给顾客一个良好的消费环境。

商品和服务是企业的形象代表，也是顾客最为看重的企业核心竞争力，提供优质产品服务是加盟店的利润源泉。被特许人有责任不断精进自己的运营能力，百分之百地还原加盟项目产品和服务，按特许总部要求，为顾客提供优质的商品和服务。被特许人不能因贪图"小利"，偷工减料而降低服务品质，使加盟品牌声誉受损。

加盟店是服务前沿，被特许人在与市场、顾客的接触过程中，会收到很多市场信息以及顾客的意见。这些信息有助于企业完善经营理念。所以，被特许人要有信息收集、反馈意识，并能及时与总部取得沟通，将有价值的信息用于企业发展建设中。

（二）遵守加盟规定

加盟店的品牌价值是良好经营和顾客服务口碑的积累，所以被特许人对企业品牌价值最好的维护就是完美执行总部各项经营管理规定。

1. 接受指导

被特许人应该理解，总部的监督指导都是为保证特许加盟体系顺利运营，也是加盟店尽快获利的保障。所以被特许人应该积极配合，努力接受，学会经营方法和运营模式。

在总部的培训和指导中，被特许人要接受并配合特许人对整个体系的管理和协调，尽量理解"特许权"的价值所在，学习每一项工作内容，并在实践中应用，将遇到的问题及时反馈给相关负责人，通过实践不断提高运营技巧。对于工作中出现的小失误，要虚心接受总部的批评和指导，不要想当然地认为"无所谓"。要知道，"特许经营诀窍"是特许人在反复试验后的经验总结，也是特许人能够发展壮大的关键所在，一定有其"过人之处"，要虚心学习。

2. 按期缴费

特许权的价值在一定程度上可以由特许经营费来衡量，特许经营费也是被特许人对总部持续支持指导的劳务费。一旦加盟，被特许人就应该理解上缴各项费用的意义所在。被特许人按期缴纳各项费用，是其应该履行的一份义务，不能无故拖延或以各种理由拒绝支付。这会给加盟双方良好的合作关系蒙上阴影。

3. 规范运营

加盟店对商品和服务的定价没有自主权，或自主权很小，多数特许总部都会要求所有被特许人按照总部的统一定价进行销售和服务。被特许人不得随意更改服务价格，更不能欺瞒总部有意降低价格，获得不良竞争优势；也不能任意抬高价格，以增加收益。这些短视行为会破坏连锁体系的统一性，只能带来一时的收益。

特许人在加盟店的运营上具有绝对的控制权，各加盟店应该按照特许人的统一要求完成商品营销。总部会根据市场调研信息，阶段性地推出商品促销信息。这时被特许人千万不能以自我为中心，将商品促销活动当成别人的事，自己自有一套做法，或者该打折扣的不打折扣，该给特价的不给特价，不该降价的给了优惠……这会严重影响市场竞争环境，让各加盟店内部产生不公平竞争，给总部的管理带来不必要的麻烦。

加盟店除了所有权属于被特许人外，其经营管理权由总部统一控制。所有加盟店要以统一的品质提供商品服务，总部统一配送原材料，加工工艺严格按照"特许权"规范操作，服务方式按照总部要求规范执行。只有从始至终地严格遵照执行，才能保证商品服务具有统一的高品质。

（三）保护商业机密

特许经营的核心技术是"特许权"，它涵盖了特许人特许项目的核心商业秘密，包括专有的商标、品牌技术、经营诀窍、管理方法等，这也是特许经营项目取得收益的重要源泉。特许人将特许权授予被特许人使用，作为特许权的使用者，被特许人只有授权期间授权区域的使用权，不得作为他用，否则属于违反特许加盟合约的行为，要接受法律处罚。

被特许人在特许加盟期间内拥有该特许权在授权区域内的使用权，所以未经特许人同意，被特许人不得私自在其他区域使用，例如以其他名称在授权区域外开设相同的经营项目，使用"特许权"的核心技术。尽管项目名称不同，但其实质已经违反"特许权"使用的区域限制。

被特许人在特许加盟期间内只拥有该特许权的授权区域使用权，特许人不具有转让权，所以未经特许人允许，不得以任何理由向他人转让特许经营权。特许人更不能以赚取非法收益为目的，向他人泄露或者允许他人使用其掌握的特许人的商业秘密。

被特许人对特许总部授予使用的特许权负有保密义务，要在解除特许关系后，将"特许权"价值载体——特许经营手册，返还给特许人；在结束特许关系后，应交还特许人的"产权标记物"。被特许人在特许加盟合同解除后的一定期间内，不得以"被特许人"身份再经营本特许加盟项目，也不得从事与特许加盟项目相似或相同的经营项目。

二、特许人应尽的义务

（一）强大的特许加盟项目

特许项目的核心竞争力还要集中在质量打造上。特许经营的产品或者服务的质量、标准应当符合法律、行政法规和国家有关规定的要求。

1. 质量第一

特许人应该从源头把控质量，在产品的更新换代中，始终严把质量关，新产品的研发和老产品质量提升同等重要。特许人要从源头控制质量，规范对产品、原材料、设备、工具的采购工作，并能不断发现新的更优质的供应商，使进货商品的质量和价格都有绝对的竞争优势。

特许企业"特许权"的质量是其核心竞争力，特许人不要认为"特许权"一旦建立，就永久有效，就会持续不断地带来收益。"互联网"经济下，产品和企业迭代迅速。特许人要有危机意识，在发展特许企业的同时，更要修炼"内功"，要两条腿走路，两条路都要走好，二者相辅相成。

特许人还要认识到，监控加盟店的经营情况也是企业质量的重要保证。

首先，特许人一定要知道"宁缺毋滥"的道理，在选择被特许人时一定慎之又慎，千万不能为扩大规模而不加选择地开放特许加盟。特许人一定要在督导能力范围内确定加盟店数量，否则因"无能为力"导致加盟店经营质量下降，最终砸的是自己的牌子。

其次，特许人一定要对被特许人有要求，对不能符合企业发展条件的被特许人一定要"狠心"拒之门外，否则"请神容易送神难"，一个加盟店的低质量经营行为可能会使整个加盟体系的声誉受损。

最后，一定要加强对被特许人的督导，防止违规经营，及时纠正经营中的错误行为，提高被特许人的经营管理水平，提高加盟店的经济效益，让其成为企业优秀的"品牌窗口"。

2. 推陈出新

特许人不能抱着固有的产品和服务不变，认为成熟的商品"通过加盟"就能获得源源不断的市场效益。任何企业、产品都有一个生命周期，在其成长、成熟期会有大量竞争对手的加入，导致原有成熟项目的衰退。

所以特许人要想保持特许项目的市场竞争力，就要有新产品的研发能力，把握市场动向，不断进行新产品研发，保证整个特许经营体系持续的竞争活力。通常新产品的研发都是在前期老产品的成长期开始，保证老产品走向衰退时，新产品已经成长起来。这样就形成了有序的产品更新换代。

3. 市场营销

根据市场发展和企业经营战略，有计划实施产品营销策略，选择可以覆盖加盟店的媒体，跟进广告宣传。要有计划地策划开展营销活动，假日、节日、店庆日的促销活动方案要做得有特色，不能千篇一律或者走形式，要充分抓住机会，让企业效益不断提升。

电子商务是企业扩大营销规模的又一选择。加盟店也要建立自己的官网或者借助电子商务平台开展市场营销。企业公众号也是宣传企业及产品的好平台，这些线上营销服务将有效促进线下销售活动，形成企业全渠道营销策略。

4. 优化管理

在特许加盟体系中，总部是整个企业经营项目的总指挥中心，被特许人是服务终端。特许加盟体系的真正竞争力在于总部大脑的管理、协调、研发、推广能力。所以特许加盟项目的真正强大是管理团队的强大。特许人要在不断壮大被特许人队伍的同时，提高管理能力。

总部要不断优化特许加盟管控体系，要保证有足够的能力去引导被特许人经营好加盟店，不让被特许人脱离特许加盟体系。被特许人的不受控将是特许加盟体系发展的致命伤。

总部要保证整个运行流程顺畅。从企业计划、采购、物流、研发、营销、客户服务等都要有一整套的规范流程，并将其流程制成企业运营手册，方便所有参与人员学习和掌握。

总部要不断优化特许加盟推广管理流程，包括选择被特许人的标准，如何优化合约，如何更好地保护被特许人的权益，改进特许加盟项目宣传推广的方法等。

无论哪个方面的管理优化，都需要有规范的管理办法、制度的支撑。所以特许总部还要有人员管理提升计划和措施，保证特许加盟项目管理的人才供给。

（二）帮助被特许人成长

被特许人一旦加盟，特许人就有责任帮助其学会经营，帮助其强化管理，尽早获得收支平衡。特许人一定要认识到，只有特许加盟项目取得成功，特许加盟体系才能不断壮大，特许人才能从特许加盟体系中源源不断地获得规模效益。所以特许人一定不能"合同一签，万事大吉"，或者"钱已收，与我无关"。特许人也不能以"忙"为借口，忽视对被特许人的培训和监控，更不能只重视加盟不重视管理。

1. 帮助被特许人学会经营

特许人在特许加盟项目签约后，即开始培养被特许人。首先应当向被特许人提供特许经营操作手册，并按照约定的内容和方式为被特许人持续提供经营指导、技术支持、业务培训等服务。特许人应该制定开发完善的特许运营手册，被特许人要按照手册中规定的标准流程进行经营；特许人要规范重点项目程序，协助被特许人开展促销或庆典活动。

2. 帮助被特许人学会管理

《商业特许经营管理条例》第十七条明确规定："特许人向被特许人收取的推广、宣传费用，应当按照合同约定的用途使用。推广、宣传费用的使用情况应当及时向被特许人披露。特许人在推广、宣传活动中，不得有欺骗、误导的行为，其发布的广告中不得含有宣传被特许人从事特许经营活动收益的内容。"

特许人有责任协助被特许人招聘优秀店员，进行财务核算、报税以及融资贷款等，及时发现加盟店的经营问题，提供解决问题的建议，分析企业经营业绩，分析竞争优势和提升空间。

3. 帮助被特许人掌握技术

特许人要将有关经营要求和信息及时传达给被特许人，并给予指导监督；要按合同规定，为被特许人提供持续培训课程，教授必要的知识、技巧；要制作专业的特许经营手册，包括员工手册、管理人员手册、商品管理手册、店长手册，授予被特许人使用，帮助被特许人掌握加盟运营技术。

（三）保护加盟店权益

1. 商圈禁止

任何市场、商品都有一定的饱和度。在一定市场范围内，被特许人的数量也有饱和度。特许人不能盲目招商，要慎重选择被特许人，这是基本原则。即使被特许人条件符合要求，也不能无限制地增加被特许人的数量。一是因为被特许人之间会有竞争，他们之间的竞争会影响到每个被特许人的收益，所以特许加盟合同中都会有"商圈保护"条款，即在特许加盟合同中要写清特许人在被特许人经营点的多大范围内不允许再开相同或类似的加盟店；二是特许加盟一旦放开，"多则不贵"，如果被特许人太多则说明加盟门槛较低，加盟的收费也在一定程度上有所降低，对特许人的收益也会有一定的影响。

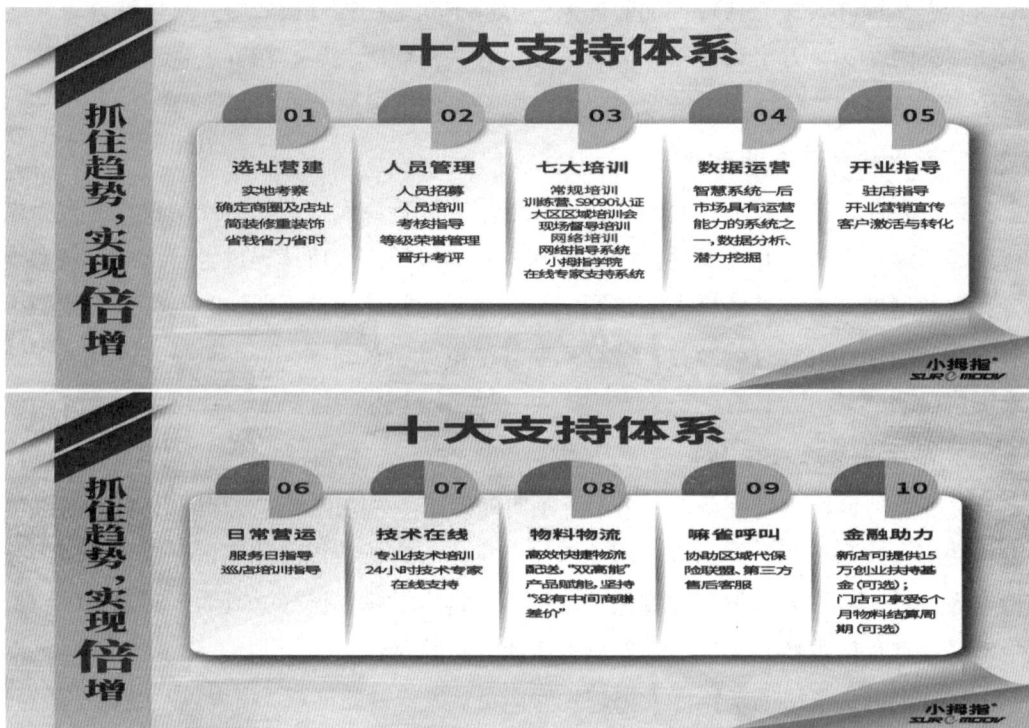

图8-1 杭州小拇指汽车维修科技服务有限公司对被特许人的十大支持体系

2. 合理收费

加盟收费是特许人开放加盟的重要收益，"加盟金"在一定程度上也是特许加盟项目品牌价值的重要体现。被特许人很看重加盟费用的具体项目和金额。高收费或不合理收费会将优秀的被特许人拒之门外。

特许人要合理计算各项加盟费的收取标准，与同类型特许加盟项目进行横向对比，让加盟费用也具有一定的竞争优势。当加盟费用略高于行业平均水平时，要有合理的收费标准，保证特许加盟项目在合理的时间内能收回成本投入。

3.分享收益

费用收取和收益分成，是特许加盟关系中的敏感点，具有此消彼长的特点。被特许人往往是被动接受者。被特许人有时对缴纳名目繁多的经营管理费用是很不情愿的，例如广告促销费用，因为被特许人并未通过广告获得任何收入的增长。这些不情愿往往是日后矛盾的根源和积累。所以，特许人应该让利于被特许人，尽量减少费用的收取。

三、特许加盟关系的维护与管理

特许加盟关系是合约关系，又是合作关系；是共赢关系，又有利益分割；特许加盟关系有管理和被管理之分，各自的所有权是相互独立的。加盟关系是复杂的，二者关系的维护和管理靠合同、靠法律，但又不能完全依靠法律，还应该有理解和沟通。

（一）特许加盟合作中的常见冲突及化解原则

先来看看特许加盟关系中，特许人和被特许人之间发生的冲突。

被特许人抱怨特许项目没有介绍的那么好；

被特许人抱怨特许企业没有按承诺培训；

被特许人抱怨特许企业收费太高；

被特许人抱怨特许总部管得太严；

被特许人抱怨特许人供应的商品价格太高；

被特许人抱怨特许人总是有名目繁多的费用要收；

被特许人抱怨特许人后续服务跟不上；

被特许人抱怨特许人的产品质量在下降；

被特许人发现特许人在商圈内又开设了其他加盟店；

……

特许人抱怨被特许人不按期缴费；

特许人抱怨被特许人不按总部要求规范运营；

特许人抱怨被特许人学习能力弱；

特许人抱怨被特许人私自从其他处进货；

特许人抱怨被特许人私自调高或调低服务价格；

特许人抱怨被特许人事事依靠加盟总部；

特许人抱怨被特许人没参与总部统一的促销活动；

特许人抱怨被特许人降低其服务质量；

特许人发现被特许人在经营其他品牌的商品；

……

特许加盟双方都站在各自的利益角度，有误会也属正常，关键是有问题要及时解决，不能等、靠，以免问题积压较多，导致更大的裂痕。同时，解决问题的关键是双方想解决，愿意通过沟通的方式，达成一致。

1. 合同第一

特许加盟合同规定了双方权利义务关系的最终解释权。特许加盟关系中的任何一方有问题，都要第一时间去查阅合同，了解合同的规定，看合同的解释。例如加盟收费问题，双方都要明确合同中提到的费用种类、收费标准、收取方式，超出合同约定的任何收费都是不允许的，但只要是合同规定的，双方又都认可，被特许人就要按期缴纳。

这时可能被特许人会说，签合同时我没弄明白，现在才发现这个费用不合理。但是，现在即使发现问题所在，也只能再次和特许人协商，未得到特许人同意，就得接受这些费用。这就是签合同一定要慎之又慎的原因所在。

2. 理解很重要

在特许加盟关系中，很多矛盾来自对责权利关系的误解。所以，签特许加盟合同前，双方都要理解特许加盟关系，明确各自的权利和义务，在自己的责权范围内要求合理的收益。特别是被特许人一定要明白，特许权收费是总部各项支持活动的回馈，是特许人应得的部分，不要对此耿耿于怀。被特许人还要明白，被特许人就应该在总部的指导下，与其他被特许人开展统一活动，不能自主行动，否则就不是特许加盟活动而是自主创业。

被特许人总抱怨总部服务少、收费多，这些误解需要特许人重视。特许人可以将收费的各项标准、计算办法等公开，征得被特许人的理解；特许人也要理解被特许人独立创业的不易，多提供一些支持和帮助，本着合作共赢、风险共担的原则，共同把特许加盟事业做好。

3. 有效沟通

沟通应该贯穿特许加盟合作的整个过程。特许人有责任详细解释合同条款，回答被特许人的询问，让双方在权责透明的情况下签约，为日后的合作顺利开展铺平道路。签合同时，应避免不清楚个别条款就盲目签约的现象，这样容易留下沟通不畅的隐患。特许人不要试图模糊某些条款，否则看似在一些权力上争得了主动，但其实埋下的"问题种子"，总有一天会发芽长大，到时可能更不好解决。

在特许加盟合作过程中，要做到及时沟通和信息共享。被特许人在经营中有任何问题，应该在第一时间反馈、求助于特许人；特许人在特许加盟体系战略化发展中，要不断分享市场发展信息、同行业竞争趋势信息给被特许人，他们有知情权，特许人不要试图掩盖某些经营问题。往往被特许人越了解特许加盟项目，越能信任特许人；被特许人越了解特许加盟项目，越能有针对性地开展经营，避免更多麻烦的发生。

遇到矛盾时，沟通也是最好的解决方式。很多矛盾都是由误会产生的，沟通解决误会，促使双方关系朝更良性的方向发展。沟通的方式很多：电话、会议、各种简报等，是自上向下的沟通方式，都可以将总部的信息迅速传达给被特许人；汇报、求助、反馈、报表等，是自下向上的沟通方式，是可以将被特许人经营信息传达给总部的方法。

（三）特许加盟纠纷的解决方式

对于一些实质性的加盟纠纷，不是因误会产生且已经违反合约的，那么必须采取一定办法解决。通常，解决纠纷的方式包括协商、调节、诉讼或仲裁。

双方自愿协商解决争议纠纷是最好的解决方法，成本最小，有利于未来的继续合作。

可以通过协商解决的纠纷通常是原因较清晰、造成损失较小的纠纷。通常，造成纠纷的一方已经意识到自身的问题，愿意承担一定的损失，且已经积极采取措施改善问题。双方已经达成谅解协议，不需要第三方的帮助，愿意坐下来通过友好协商的方式解决问题，并通过共同努力，找到解决问题的办法。例如，特许人在采购环节把关不严或供应商选择不当等造成商品质量下降带来损失。

调节是双方发生争议时，由当事人申请，或者法院、民间调节组织认为通过调节完全可以解决争端，而采用的由第三方主持疏导，双方互谅互让，尽快达成协议的解决方式。这种方式有第三方（调节方）的存在，解决争端更公平。同时，双方又有了进一步沟通的机会，特许加盟关系可以继续友好发展，解决问题的成本也较低、速度快。如果是法院参与的调节，具有一定的法律效力，执行效果更好。

诉讼或仲裁方式都是诉诸法律的解决方式。一旦走法律程序，就说明双方矛盾不可调和。这两种方式都属于民事程序，其一般性规定相同、处理争议的主体相同、案件性质相同，是解决特许加盟纠纷的最终途径，是具有法律约束力的解决方式。

仲裁是双方自愿达成协议，将争议交给中立的第三方（仲裁机构）进行裁决的争议解决方式。诉讼是在法院主持下按照法定程序进行纠纷审理，这种方法仍然是目前处理特许加盟纠纷最为常见、最为规范、效力最明显的手段。

相比其他处理问题的方法，仲裁和诉讼更灵活，时间更快捷，同时仲裁委员会的专业性也给双方带来一定的便利。诉讼是争议解决的最后办法，它会影响双方继续合作，所以在决定诉讼前一定要慎重考虑其对未来合作发展的影响，双方都要考虑一旦解约，后续加盟店转让的可能性。在考虑所有的因素之后，认为还有必要通过诉讼解决争议，才会走最后一步。

第九章　升——特许加盟效益

　　微利时代，被特许人要想提升加盟店效益，最根本的突破点在于精准分析目标顾客的消费需求，供应适销对路的商品，提供更好的客户服务，提升市场竞争力。

　　加盟知识：加盟店收益构成

　　任何一个企业的收益都应是收入与成本的差值，即"利润 = 收入 - 成本费用"。对于加盟店来说，提高利润的途径离不开"开源节流"四个字，即不断增加收入，减少成本费用支出。

　　加盟店的主要收入来源是其主营业务收入和一点点的营业外收入。主营业务收入是其稳定的利润来源，主要由客单价和来客数两项指标决定，即"营业收入 = 客单价 × 来客数"。客单价是进店顾客的平均消费金额，来客数是一定时间内进入卖场的顾客平均数量。所以提升主营业务收入，关键是增加客单价或者吸引更多的顾客进店购物。

　　加盟店的成本费用，是加盟店运营中所产生的所有支出，主要包括卖场租金、商品成本、人员工资、管理费、营销费、税金，以及加盟店特有的各项加盟费用。加盟店正式运营后，加盟费已经确定，对企业来说是固定成本，被特许人要在可控成本上多下功夫，降低三大主要成本即租金、人工和商品成本的支出。

一、抓住顾客就抓住了成功

　　对于企业来说，赢得顾客就赢得了未来。加盟店所有的工作都是要让顾客满意，以提高客单价和来客数。

（一）善用营销

1. 营销环境

　　今天的顾客越来越重视感觉，舒适、高雅甚至是"赏心悦目"的购物环境也成为顾客的消费内容之一。优秀的特许加盟总部非常重视加盟店的环境建设，在保证加盟店整体门店风格一致的基础上，做足了环境营销。例如花卉的布置、休息区域的增加、符合购物习惯的卖场动线布局、商品容易获得、结账无忧等等，都是营销环境可以做的功课。

2.特色商品

提供适合本地顾客的商品，也是赢得顾客的关键。尽管被特许人没有自己开发新产品的资格，但总部提供的商品品类很多，被特许人是在大的品类中自行选择其中的一部分来销售。这时，被特许人的商品组合能力就派上了用场。被特许人要善于观察所服务商圈顾客的独特需求，挖掘顾客的购买潜力和市场机会，通过商品组合来刺激消费。

不定期的新产品推介，定期的产品上新率，并配以产品功能、使用方法说明书，这些贴心的服务也会提高顾客的光顾率。

3.营销技巧

好商品还要加上好营销，才能让顾客知道并产生购买动机。在总部的统一促销策略下，门店系统的营销方案由总部统一安排。被特许人还要利用日常服务顾客的机会，善于运用小的营销技巧，树立"时时皆可营销"的理念，增加商品销售机会。下面介绍几个营销小技巧。

引导性推销融入导购。在顾客购买某种商品时，用引导性的语言建议其购买其他商品。例如，"您在商品使用中，最好搭配××商品，这样的效果更好"或者"您购买的商品现在有买赠活动，您想参加吗"之类的话语。

适时地介绍新品。在顾客购买商品或收银结算时，可以不失时机地介绍店里新品或者促销活动，引起顾客的注意。但切记，一定是简短提示，不要引起顾客的反感。如果顾客有兴趣进一步了解，再做跟进介绍。

顾问式推介商品。无论顾客是否会选择我们的产品，我们都要以朋友的身份，做顾问式的销售，注重每一个细节，为他们解惑，处处为他们着想，让顾客产生信任，这也是一种赢得信任的营销方式。

适时帮助顾客做出决定。顾客的消费行为往往具有一定的随机性，面对刺激性消费，顾客需要营销人员的一点点鼓励和刺激，方能做出选择。营销人员可以利用一些小的技巧，帮助顾客做出决定。例如，给顾客"二选一"的机会，或者让顾客"试买"一次，帮助顾客选择，替顾客分析利弊等。

善用语言刺激消费。如用"新品效果好可以试试""促销活动马上恢复原价"等语言激发顾客的好奇心，提高购买转化率。

（二）多渠道推广

几乎所有的卖家都不会错过网络营销的机会，通过线上发布产品信息绑定顾客，线下互动体验营销，实施O2O（线上线下结合）全渠道体验策略。目前多利用"两微一抖"，即利用微信、微博和抖音实现线上营销。

"两微一抖"因方便、快捷和拥有众多受众而成为目前商家首选的宣传阵地。无论是微信公众号、企业官方微博，还是抖音等短视频平台，其产生的宣传推广效果显著，能带来流量。在"两微一抖"的建设中，宣传性文字或视频的质量是关键，一定要有可看性。这就要求发布资料的内容要包括一定的促销信息或产品信息，同时还要有相关的产品知识介绍，有一定科学性和知识性的内容；如能适时增加互动活动，增加宣传的趣味性，宣传效果则会更好。

（三）会员制管理

今天的高端营销方式是精准式营销和差异化营销，会员制管理必不可少。通过会员管理系统，企业可以记录所有会员的资料，了解其兴趣爱好、消费特点、意向需求等；同时针对顾客的需求，为其提供优质的个性化服务。会员管理系统还能为企业的产品开发、事业发展提供可靠的市场调研数据，是企业经营不可或缺的一个有力工具。

会员制的建立有助于稳定消费市场，培养品牌忠诚客户，加强企业与顾客之间的互动交流，获得更多的市场需求信息，方便优化产品，提高产品开发能力和服务能力。会员的价值体现在持续不断地为企业带来稳定的销售和利润，同时也为企业策略的制定提供数据支持。

企业总是想尽一切办法去吸引更多的顾客成为会员，并且尽可能地提高他们的忠诚度。忠诚度高的顾客表现为经常光顾、购买，有较高的价格忍耐度，愿意支付更高的价格，也愿意向其他人推荐，对品牌满意度较高等。会员忠诚度高，并不意味着会员价值高，还得看他的实际消费金额，也就是消费力。忠诚度高、消费力强的顾客才是企业最优质的会员。

1. 建立会员制

会员管理先从建立会员档案开始。企业首先通过开业庆典、店面促销、营销推广等活动收集顾客信息，整理归档形成初始会员档案。后续再持续不断地通过客户消费活动丰富客户信息，为精准营销做好准备。

2. 会员信息分析

为实现精准营销，有一个会员卡、提供会员价格，还不是真正的会员制。会员制应该是会员消费数据的汇总、提炼，以便更好地服务顾客。

北京王府井百货（集团）股份有限公司在精细化运营初级阶段时，会员信息只占到店交易用户的30%～40%，没有扩展到所有顾客。后期通过顾客信息数字化、身份识别等信息资料的积累，北京王府井百货（集团）股份有限公司对这些用户建立了数据模型，通过第三方的标签和画像，以及逛街和品牌偏好关联度等模型的建立，来影响和反哺营销策划。最简单的表现就是尝试在收银小票上增加关联推荐，这是北京王府井百货（集团）股份有限公司在精准营销上的成功一步。

3.会员服务

既然是会员，就应该有别于其他普通客户。大部分企业的会员都有会员卡，有会员价消费、会员积分换购等优惠待遇，生日当天还会有来自企业的生日祝福短信。但这些会员服务还是最初级的会员管理。

真正的会员服务，应该是对会员需求进行分析，并能精准开发对应的商品，满足会员潜在的需求；真正的会员服务，应该是对会员进行增值服务，让会员有别于其他顾客，得到企业特殊的关照。如除了积分，还可以结合门店活动，为会员提供相关的咨询服务。

4.会员价值分析

第一，分析最近一次消费时间。从理论上来讲，上一次购买时间距离现在越近的顾客价值越大。而他们得到营销人员眷顾的机会也大于那些很久没有光顾的顾客。当一位已经半年没有光临的顾客，上周再次产生购买行为，那他就激活了自己的这个指标。所以最近一次消费时间是实时变化的，我们需要不断地促进顾客消费。

第二，分析（某个周期内的）消费频率。消费频率越高的顾客忠诚度越高，我们需要不断地采取营销手段去提高每个顾客的消费频率，这也是提高销售额非常有效的方法。一个产品没有被重复购买是非常危险的，意味着它的顾客都是新的，都是一锤子买卖。消费频率最高的这部分顾客应该是得到企业关爱最多的群体。需要注意的是，不能过度营销，要以不骚扰用户为原则。

第三，分析（某个周期内的）消费金额。消费金额越大，顾客的消费力也越大，在二八法则中，20%的顾客贡献了80%的销售额，而这些顾客也应该是得到最多的营销资源的顾客。特别是一个加盟店促销活动费用不足的时候，这些高端的顾客就是其首选对象。这个指标还需要和消费频率结合起来分析。有的顾客消费金额非常高，但他可能只购买了一次高单价的商品，就再也没有光临过了。

第四，分析（某个周期内的）最大单笔消费金额。这也是判断顾客消费力的指标，主要是看顾客的消费潜力。

第五，分析（某个周期内的）特价商品消费占比。这个指标表示顾客的总销售额中有多少属于购买的特价商品，它是判断顾客价格敏感度的指标。

第六，分析（某个周期内的）高单价商品消费占比。高单价商品的消费比重越高，顾客的价格容忍度也越高。在计算这个指标时，需要将每个品类高单价的商品标注出来以便计算。最简单的做法是将每个品类中高于平均零售价的商品都视为高单价商品，也可以用高价位、中价位、低价位的方法。

（四）服务制胜

客户服务的目的是建立并提高顾客的满意度和忠诚度，最大限度地促进顾客消费。

企业管理者应该树立这样一个理念：服务不是只有一线员工才需要具备的技能，任何一个工作人员都应该是企业对外服务的窗口。所以企业全体员工都要有服务意识，努力做好每一次服务。

1. 服务的专业性

客户服务的专业性是建立顾客信任感的基础。服务专业性体现在两个方面，一是服务方式方法的专业化，包括必要的礼仪训练、使用服务用语、专业的服务流程等；二是服务内容的专业化，即商品知识的专业化。客户服务技能需要培训部门的专业化培训。

2. 服务的真诚性

几乎所有的服务培训都会告诉学员，要露出真诚的微笑。但真诚不是"皮笑肉不笑"，而是发自内心的"真诚服务"。这不仅仅是技巧的培训，更是制度和企业文化的保证。

从企业文化上提升服务理念。"以客户为中心"要成为企业文化的一部分，就必须从一点一滴做起，做好每一件基础的事情。比如处理顾客投诉，做到只要有投诉，就一定要让顾客满意地离开，而且一定要让他成为回头客。

从制度保障上提高顾客满意度。企业服务要想真正做到"以客户为中心"，还要有一系列的组织保障、制度保障。要围绕顾客这个中心，从管理的各个环节来进行业务流程重组和制度再造。

3. 服务的贴心性

贴心的服务是指想顾客之所想，急顾客之所急，在顾客需要服务的第一时间给予服务。比如在下雨天，不仅仅提供免费雨伞，还提供雨伞袋、擦拭雨伞等；广播中随时播报"雨况"，让避雨的顾客方便规划时间；免费雨伞维修能够让带伞购物的顾客有意外惊喜……

这些贴心的服务，是不断地以顾客身份去思考："我"还需要什么；这些贴心的服务，是不断地以服务者的身份去思考："我"还能做些什么。

4. 服务的周到性

周到的服务是指全方位的服务，从售前、售中到售后。很多时候，企业很重视售后投诉服务，重视售中的营销服务。其实，售前服务是营销和销售之间的纽带，至关重要，不可忽视。

售前服务是企业在顾客接触产品之前开展的一系列服务性工作，常见的售前服务包括提供产品咨询信息、产品定制、电话订货和邮购等。售前服务的主要目的是协助顾客做好购买前的商品信息了解，为后续的购买做好准备。

售中服务是实现销售的过程，重点是在顾客有需求时，通过专业化的服务，为顾客决策做好参谋，是提高消费转化率的关键服务。

售后服务的形式很丰富，除了送货上门、上门维修安装，还包括售后效果跟踪，以及退换货服务等。

二、节流减少成本支出

实体店主要的成本支出是租金和人工，加盟店还有一项大头——"各项加盟费用"，再加上日常的商品成本，这些构成了企业主要的支出流。节流就是减少各项成本费用的支出。

在移动互联网时代，加盟店通过信息技术手段，可以提升经营管理的效率，有效地控制和降低经营管理的成本。实现精细化管理，已经成为一种势不可挡的时代潮流。

（一）店铺租金

随着地价、房价的上涨，店铺租金成本以几何级数增长。加盟店要想降低租金成本，最根本的方法是在选择店铺地址时一定要比较、思考、权衡，争取到最合适的地点、最低的租金，也就是性价比最高的店址。

1. 延长租赁时间，降低平均成本

一般情况下，租赁时间长，总租金会有优惠，这样就变相降低了单位租金成本。另外，一般来说，租金成本是每年递增的，如果可以降低每年租金的增长幅度，那么租金成本也降低了。

2. 分租一部分空间，降低成本

不管是大卖场，还是小便利店，都会通过租赁"一部分空间"的方法来分摊一部分成本，同时也会增加一部分来客量。当然，租赁的前提是有可租赁的地方，同时租赁经营活动不会影响到正常营业。通常，卖场可以转租的空间主要是大门两侧的空间或者偏高的楼层。

（二）商品成本

商品成本主要是指进货成本和损耗成本，被特许人在商品成本影响力较小的情况下，可以重点控制商品损耗成本。"商品损耗"包括偷盗带来的损失，商品损坏、商品过期等损失。如果能有效控制这部分成本，会省下一笔不小的费用。

1. 树立全员防损意识

通常企业会设置防损员，专门负责商品保护、监督防盗等工作。这在一定程度上减少了商品的损失，但也增加了一定的人工成本。有的企业通过让利于员工的方法降低了商品损耗，即通过全员防损，按照一定比例将降低损失的金额作为奖励发给员工，取得了较好的防损效果。

2.制订商品防损管理办法

日常商品管理，要处处体现优质管理的方法，通过制度和方法来降低商品不必要的损失，例如严格执行商品先进先出制度、商品效期报警制度、安装防盗监控设施、商品损耗超过一定比例由员工承担制度、严格的商品验收和退货制度等。这些都能提高商品管理效率，降低损耗。

（三）人员成本

1.扁平制组织结构，减少行政人员

扁平制组织结构管理层级较少，减少行政人员的设置。在组织人员总量一定的情况下，尽量减少人员数量，增加基层服务岗位人员数量；或者减少员工总量，以减少人员成本支出。

2.减少人数，增加岗位工资

人工总工资 = 人数 × 平均工资，总人效 = 人数 × 平均人效。这看似简单的计算公式，却有很多可以关注的内容。通常情况下，我们可以降低用工人数，并适当增加平均工资，降低总工资数量；因员工工资的增加，"平均人效"会有一定的提升，所以尽管总人数降低，但总人效不会明显降低。这也是提升员工效能、降低用工成本的方法之一。例如，某企业原先不论门店大小，均配置一名专职出纳；调整后，小型门店两店共设一名出纳，其工资上调 40%。后勤维修人员在调整前，在无维修任务时均在总部后台待工，现改为分散到各店兼职，充实门店力量，实现一人多岗。

3.目标管理凝聚力量，人心齐泰山移

加盟店可以运用目标管理方法，将销售目标细分到每个人，使每个人都有自己的小目标。这样既能充分调动员工的工作积极性和主观能动性，以饱满的服务热情和高昂的斗志投入到平凡的工作中，又能将员工业绩与企业绩效挂钩，使每个员工都为门店绩效的不断提升出谋划策。

4.使用小时工等兼职人员，降低用工成本

企业多数营销都存在淡旺季，每一天的营业活动也分高峰和低谷。无论是淡旺季还是营业高峰低谷，需要的员工数量是不同的，如果以旺季或高峰营业期的用工人数作为企业的员工数量，就会导致淡季或营业低谷时的人员浪费。使用兼职工或小时工，可以根据营业用工量灵活安排服务员工数量，有效降低人工成本。

5.增加智能化设备，降低人工成本

服务行业的智能化是一个趋势，通过智能化设备如自助收款机等替代人工，可以大幅缩减用工成本。尽管采购这些智能化设备会耗费一定的成本，但从长久来看，一次性投入能长久地提高员工工作效率，降低用工成本，是值得的投入。

各企业要根据自身实际情况，对本部门人员使用情况进行明确定位，去繁就简，真正做到人人有所用，事事有人干，充分发掘人力资源，以降低成本、提高效率。

（四）物流成本

物流成本也是企业的高消耗成本，很多企业为提高服务质量，不断提高配送频率，使物流成本居高不下。对于加盟店来说，很大一部分商品由总部配送，费用包含在商品成本中或单独计算；另一部分商品由自己采购，配送费用由配送方式决定；顾客网上订货也需要安排线下配送，被特许人多会利用第三方共享平台完成配送工作。尽管物流成本可控成分较少，但被特许人一定要有控制其费用支出的意识，这也是管理能力之一。

1. 多利用供应商物流，减少成本支出

很多时候，供应商愿意通过增加物流配送来提高客户服务质量，特别是生鲜产品、日配产品和品牌服务较好的商品。企业可以把一部分商品的物流配送交给供应商来完成，这样不仅可以减少物流支出，还可以同时完成"退货"等工作。

2. 提高订货质量，减少配送频率

很多时候，高频率的物流配送也是服务终端不能有效预测商品销量、过度依赖配送的低效率表现。加盟店在运营一段时间后，可以利用门店大数据，分析销售规律，较准确地完成商品配送，减少这部分费用支出。

3. 错峰收货，提高收货效率

很多门店选择在晚上或凌晨收货，这不仅可以降低配送物流高峰期出行拥堵的风险，也可以减少高峰期对门店服务的影响，提高收货效率。另外，使用标准化配送设备如托盘、周转箱等，也可以提高搬运效率，降低配送时间，进而降低成本。

（五）其他成本

1. 资产损耗成本

加强固定资产管理，对各项设备等资产要树立日常维护意识，降低不必要报损，延长其使用寿命，降低维修成本。

2. 办公成本

被特许人要控制企业办公支出，包括电话、传真机的使用，特别是水、电费控制。例如，将照明设施改为节能型灯管，分区域设置店内开关，分别设置不同区域的开关等；更换敞开式冷冻卧柜，使用一体式透明可移动冷柜；无纸化办公，将企业各项资料通过电子方式下发，包括门店运营管理手册等，既可以方便员工随时在线查阅和学习，又可以省去大量的印刷成本；另外水费、上网流量费等，都要进行一定的总额控制。

3.管理提效也是降低成本

提高管理人员的工作能力和工作效率，也是降低成本的重要途径。同样的管理活动，管理人员能力强，工作效率高，商品损耗控制、门店促销效果等工作效果明显。管理人员工作能力强是促进其他成本降低、提升营业收入的重要力量。

三、风险规避及时防范

尽管特许加盟创业要比自己独立创业成功的概率高很多，但也不代表百分之百的成功。特许加盟创业也是有风险的，这风险可能来自选择的特许加盟企业出现了问题，也可能是被特许人管理能力不足，还有可能是被特许人不适合特许加盟项目。总之，特许加盟过程中会出现一定的风险，被特许人要有风险控制意识，能够根据具体情况进行风险防范，随时止损。

（一）特许加盟项目不像宣传的那么好

中国连锁经营协会裴亮会长认为，优秀的加盟项目有两个核心理念，其一是与人合作，与人分享，这是特许企业和投资人和谐共生发展的理念；其二是规范发展，简单理解就是透明化。裴亮说："特许项目成功的模式是什么，可能出现的风险是什么，作为品牌商要完整传递给潜在投资人和被特许人，这方面政府也在制定政策，要求品牌商披露完整信息，让投资者可以科学理性地投资。对此，中国连锁经营协会也在推进特许经营评级，以帮助特许经营总部将管理模式和体系进行对标，找到短板和漏洞，完善体系，这也是有效防范风险，确保被特许人利益的途径。"

（二）总部项目不具市场竞争力

特许加盟企业能够获得被特许人的青睐，是因为独特的、有市场竞争力的、能给企业带来效益的"特许权"。但很多特许加盟企业看到别人通过开放加盟赚钱，自己也眼红，以为什么样的企业都能通过加盟扩张。如果被特许人不小心选择的"特许权"核心技术低、很容易模仿，没有可持续发展能力，那么该"特许权"短时间内就会走完生命周期，不具有市场竞争力。这时被特许人可能还没收回投资成本，未来取得更好收益的概率非常低。

有些特许加盟项目不具备市场竞争力，可能存在创新力不足、可持续发展能力弱等问题。面对充满不确定性的未来，成功的品牌和经验只有不断求变才能实现更大的发展。在创新过程中，核心要始终围绕消费者生活方式的变化而变化，要洞察、理解、满足消费者生活方式的新变化，才能让创新达到目的。

（三）总部盲目扩张，鱼龙混杂

总部着急扩张，一切向"钱"看，对被特许人不加选择，特许加盟门槛很低，导致被特许人鱼龙混杂。参差不齐、目的不一的被特许人经营效果好坏不均。很多被特许人借特许加盟项目之名，开展自己的经营业务，自行采购、进货，随意改变商品质量，违反价格的统一性，导致同业市场混乱，给特许加盟品牌带来了极坏的影响。

规规矩矩做生意的被特许人深受其害，随意改变的价格让他们的产品不具备市场竞争力，品牌声誉的受损，让加盟店面临倒闭危险。这样的特许加盟项目的根本特征就是"门槛低"。对这类项目，创业者应慎重，切不可因小失大。

（四）总部后续服务跟不上

一部分特许人错误地认为，只要招到被特许人，企业就会有源源不断的利润，没有思考盲目开放加盟、后续服务跟不上带来的"隐患"。一部分企业自身还没强大起来，就盲目扩张，也会导致"无成熟服务"。

只有加盟店真正掌握特许加盟项目的核心竞争力，并能在市场上较好地经营，特许人的特许加盟项目才能健康发展。而被特许人在运营过程中，离不开总部的培训、指导和商品供应、服务。如果特许加盟体系扩张太快，总部后勤部门的服务跟不上，很容易导致特许加盟失败。特许加盟失败的最直接影响就是市场品牌、效益的下降。品牌的市场价值是企业的核心竞争力和加盟利润的决定因素，特许人切记不能目光短浅、因小失大。

被特许人一旦加盟这样的项目，可能会因为总部后续服务跟不上而导致利润受损，或者因此倒闭，加盟风险较大。针对这类型的特许加盟项目，被特许人应该在签订特许加盟合同时，就应该详细了解企业的市场拓展计划，如果发现其扩张速度过快，要警惕其盲目性；同时，合同的"竞业禁止条款"一定要有明确的表述；如果加盟后才发现总部后续服务跟不上，最好的办法是自己强大起来，将总部的服务变为自己的服务，当然前提条件是告知总部，争取得到总部的同意和一定费用的支持。

（五）被特许人自身能力跟不上企业发展

有的被特许人学习能力弱，对新加盟的项目，运营起来有一定的困难，一直不能掌握特许加盟项目的核心技术，导致加盟店竞争力偏弱。

有的被特许人领导魅力不足，员工流动频繁，本身管理能力欠缺，向心力低，经常唱独角戏，丧失信心，失去改善的热忱。

有的被特许人资金实力弱，大部分资金是借贷而来，后续资金跟不上导致加盟店运营困难。

还有的被特许人兼顾其他工作或事业，不能全心全力投入加盟业务，导致加盟店管理和运营都没能跟上总部的进度。

有的被特许人在总部的指导下经营一段时间后，自认为已经能较好地理解特许加盟项目了，越来越觉得总部"没什么了不起"，不再相信总部的指导和决策，开始自我做主，盲目经营业务，导致业务失败。

针对个人问题导致的加盟风险，最好的风险规避办法就是不断提升自身的能力。被特许人要多依靠总部，努力学习，不断提升自己的经营能力，适应新的项目发展需要。唯有这样，才能满足特许加盟项目的管理运营要求。

（六）特许加盟关系冲突导致风险加大

特许加盟项目出现矛盾、诉诸法律的原因往往是没处理好特许加盟关系，最终导致特许加盟失败。面对这种风险，解决的办法只能是"照章办事"，即双方都要严格按照特许加盟合同办事，认真履行特许加盟义务，"心往一处想、劲儿往一处使"，为实现双赢，摒弃小我，以大局为重。

特许加盟双方因理念不合而导致矛盾频发。理念不合，如果不是违法事项，被特许人要遵从总部的文化和运营规则，这是特许加盟项目与自己创业的区别，被特许人在选择特许加盟项目时就应该明白这一点。总部不是某一个被特许人的总部，它要为所有被特许人负责。所以为了整体的利益和形象，总部可能会取消授权，或是对门店的违规行为进行惩罚，发生冲突在所难免，被特许人要尊重和接受总部的决定。

特许加盟双方为个人私利而不顾整体利益，导致冲突不断。例如总部私自更换价格更低的原材料，被特许人偷偷降低商品售价；总部临时增加其他收费项目，被特许人不按期缴费……这些冲突从一开始就预示着一方的"自私"，最终导致特许加盟关系瓦解。解决的办法就是持续的警示和教育工作。

附 录

附录一：《商业特许经营合同》

商业特许经营合同

（单店通用版）

合同编号：＿＿＿＿＿＿＿＿＿＿

特许人：（以下简称甲方）＿＿＿＿＿＿＿＿＿＿＿＿＿＿＿＿＿＿＿＿

法定代表人／负责人：＿＿＿＿＿＿＿＿＿＿＿＿＿＿＿＿＿＿＿＿＿＿

营业执照注册号：＿＿＿＿＿＿＿＿＿＿＿＿＿＿＿＿＿＿＿＿＿＿＿＿

注册地址：＿＿＿＿＿＿＿＿＿＿＿＿＿＿＿＿＿＿＿＿＿＿＿＿＿＿＿＿

被特许人：（以下简称乙方）＿＿＿＿＿＿＿＿＿＿＿＿＿＿＿＿＿＿＿

法定代表人／负责人：＿＿＿＿＿＿＿＿＿＿＿＿＿＿＿＿＿＿＿＿＿＿

营业执照注册号／身份证号码：＿＿＿＿＿＿＿＿＿＿＿＿＿＿＿＿＿＿

注册地址／住址：＿＿＿＿＿＿＿＿＿＿＿＿＿＿＿＿＿＿＿＿＿＿＿＿

甲方系依法设立的企业，有权在中华人民共和国境内发展其特许经营体系，从事商业特许经营活动，并保证在中国大陆从事特许经营符合中国的法律、行政法规的规定。乙方系具备履行本合同能力的自然人、依法设立的个体工商户、企业或其他经济组织。

为此，甲、乙双方（以下简称：甲乙双方或者双方）本着平等、互利、等价有偿、诚实信用的原则，经双方充分协商，订立本合同，由甲乙双方共同遵守执行。

第一章 总 则

第一节 本合同组成

第一条 本合同由以下文件（根据需要选择或补充）及甲乙双方以后可能就合同内容达成的所有补充合同组成，且各文件间互为解释和说明：

□《商业特许经营合同》

□《经营资源许可使用授权书》

□《加盟店店址确认书》

□《商圈保护区域附图》

□其他 _____。

第二节 本合同词汇释义

第二条 除法律、法规及相关规定另有强制性规定或本合同另有所指，下列词汇在本合同中具有以下含义：

2.1 特许经营

拥有经营模式、注册商标、企业标志、专利、专有技术等经营资源的企业（特许人），以合同形式将其拥有的经营资源许可其他经营者（被特许人）使用，被特许人按合同约定在统一的经营模式下开展经营，并向特许人支付特许经营费用的经营活动。

2.2 特许人

拥有可授予他人使用的经营模式、注册商标、企业标志、专利、专有技术等经营资源并授予他人使用的企业。

2.3 被特许人

获得特许人授权，使用其经营模式、注册商标、企业标志、专利、专有技术等经营资源从事经营活动的个人、企业或其他组织。

2.4 特许经营体系

由甲方或经甲方授权的企业建立的对特许经营各个业务环节实行控制和管理的系统，包括加盟招募管理、知识产权管理、店铺建设管理、培训管理、督导管理、乙方关系管理、财务管理、广告促销管理、品牌形象管理、技术标准管理等内容。

2.5 特许经营资源

甲方拥有的注册商标、企业标志、专有技术、著作权及其他经营资源。

2.6 特许经营标识

与特许经营体系相关的识别符号，包括但不限于注册商标、商号、招牌，特有的外部与内部设计。

2.7 特许产品及服务

带有特许经营标识的所有商品及服务。

2.8 专有技术

指不为公众所知悉，甲方所有或掌握的、并经甲方采取保密措施的，能为甲方带来经济利益，具有实用性的独特技术，包括但不限于产品及服务品种、方式、方法等。

2.9 加盟店

特许经营中，乙方获得甲方授权后，使用其经营模式、注册商标、企业标志、专利、专有技术等经营资源建立的店铺。

2.10 单店特许经营

甲方授予乙方使用其经营模式、注册商标、企业标识、专利、专有技术等经营资源开设一家店铺的授权方式。

2.11 直接特许

甲方将特许经营权直接授予乙方，乙方按照本合同约定设立加盟店，开展经营活动，未经甲方事先书面同意，不得转授特许经营权的一种特许方式。

2.12 特许经营权

是甲方授予乙方在授权范围内，使用甲方的经营模式、注册商标、企业标识、专利、专有技术等经营资源开展特许经营活动的权利。

2.13 店址

指依照本合同约定由乙方开设加盟店的营业地址。

2.14 商圈保护

甲方在特许经营合同或其它有效法律文件中授权给乙方的特定地理范围，在此范围内甲方不得再对第三方进行授权或开设直营店。

2.15 特许经营操作手册

甲方所提供的用于介绍、指导、规范、监督、考核特许经营体系的系列文件。

2.16 督导

甲方或经甲方授权的企业对加盟店的品牌形象、经营理念和行为、制度、人员、产品、服务、工作流程等各个方面所进行的监督和指导。

2.17 特许经营权转让

乙方将受许的特许经营权转让给他人的行为，通常表现为将加盟店的单店特许经营权转让给他人。

2.18 竞业限制

根据本合同的约定，乙方在本合同终止后的一定期限内，不得从事与该特许经营体系相同行业的经营活动。

2.19 保密人

按照本合同的约定负有保密义务的企业、自然人或其他经济组织，包括但不限于乙方、加盟店的实际投资人、加盟店的股东及员工，以及其它获取甲方商业秘密的主体。

2.20 特许经营费

乙方为获得甲方的经营模式、注册商标、企业标志、专利、专有技术等经营资源的使用权而向甲方支付的费用。包括：加盟费、培训费、系统使用费、广告基金、特许权使用费、履约保证金及其他约定的费用。

2.21 加盟费

乙方为获得甲方的经营模式、注册商标、企业标志、专利、专有技术等经营资源的使用权而向甲方支付的一次性费用。

2.22 特许权使用费

乙方在使用特许经营权过程中按一定的标准或比例向甲方定期支付的费用。

2.23 广告基金

甲方或经甲方授权的企业按乙方营业额或利润的一定比例，或者按照双方确定的固定数额向乙方定期或不定期收取的费用所组成的基金。该广告基金应用于特许经营体系的整体市场推广和对外广告宣传。

2.24 履约保证金

为确保乙方履行特许经营合同，甲方或经甲方授权的企业向乙方收取的履行保证款项。合同到期后，按合同约定退还乙方。

2.25 到期日

本合同终止之日，包括按期终止和提前终止。

2.26 期限

本合同生效日至到期日的时间段，期限可依照合同约定提前终止或续期。

第三节　甲乙双方的法律地位及关系

第三条　甲乙双方为各自独立地位的法律主体，独立核算、自负盈亏。双方之间基于本合同建立特许经营的商业合作关系，任何一方对另一方的债务不承担法律责任。

第四条　甲乙双方之间不存在任何共同投资、雇佣、承包、委托、合伙关系。乙方无权以甲方的名义订立合同或从事其他行为，使甲方在任何方面对第三人承担责任。甲方亦无权以乙方的名义订立合同或从事其他行为，使乙方在任何方面对第三人承担责任。

第五条　甲乙双方的任何一方擅自以对方名义订立合同或从事其他行为，并使对方向第三人承担责任的，对方有权向擅自以其名义订立合同或从事其他行为的一方进行追偿。

第四节　特许经营授权

第六条　授权内容和性质

6.1 甲方拥有"C 品牌"特许经营体系。

6.2 甲方依照本合同的约定，授予乙方"C 品牌"特许经营权。

6.3 甲方授予乙方特许经营权性质：直接特许和单店特许。

6.4 乙方有权在加盟店内按照本合同约定使用甲方提供的专有技术为顾客提供服务。

6.5 乙方有权在加盟店内及门头按照合同约定使用甲方的商标、标识。

6.6 乙方有权在加盟店内采用甲方统一的店面设计及形象识别系统，按照甲方统一的服务规范为顾客提供服务。

6.7 乙方有权在加盟店内按照合同的约定经营甲方提供的产品和服务。

6.8 乙方加盟店的经营范围为：＿＿＿＿＿＿＿＿＿＿＿＿＿＿。

第七条　授权期限

7.1 本合同期限为年（特许经营期限应当不少于 3 年。但是，乙方同意的除外。续签特许经营合同可以少于 3 年），从年月日起至年月日止，双方可根据本合同的约定提前终止或续期。

7.2 乙方要求对本合同续期的，应至少在本合同期限届满前提前　日向甲方书面提出。甲方同意的，与乙方签订续期合同。

第八条　商圈保护与店址

8.1 乙方获准的商圈保护区域为：

□中国 ＿＿＿ 省 ＿＿＿ 市 ＿＿＿ 县（区）东至 ＿＿＿、西至 ＿＿＿、南至 ＿＿＿、北至 ＿＿＿ 的区域。

□以加盟店址为中心，＿＿＿ 公里为半径的圆形区域范围。

（详见：《商圈保护区域附图》）

8.2 本合同签订的加盟店的地址为：＿＿＿＿＿＿＿＿＿＿＿＿＿＿＿＿＿＿＿＿＿＿＿＿，建筑面积为：＿＿＿＿＿＿＿，是否为确认店址（□是／□否）。

8.3 若签约时无法确认店址，则乙方应当在确认店址后向甲方提交《加盟店店址确认书》。

第五节 特许经营费用及支付

（根据需要选择或补充特许经营费用及支付）

第九条 加盟费

9.1 乙方在签订本合同之日起 _____ 日内向甲方一次性支付加盟费人民币元（大写：_____ ）。

第十条 培训费

10.1 乙方在收到收费培训通知之日起 _____ 日内向甲方支付培训费人民币元（大写：_____ ）。

10.2 本条约定的培训费指甲方为乙方提供免费培训以外的定期或不定期的培训（详见：《培训手册》）所支付的费用。

第十一条 系统使用费

11.1 乙方应当每年向甲方支付系统使用费人民币 _____ 元（大写：_____ ）。

11.2 乙方应当在系统开通之前向甲方支付第一年的系统使用费，之后于每年的系统使用费到期前提前 ____ 日支付下一年度的系统使用费。若本合同剩余期限不足一年的，则按月计算系统使用费；若本合同不足一个月的，则按天计算系统使用费。

11.3 本条约定的系统使用费是指甲方为加盟店开通的软件服务系统所支付的费用。

第十二条 广告基金

12.1 甲方依照《广告基金管理和使用规定》进行"C品牌"的广告宣传，为此，乙方在签订本合同之日起 ____ 日内向甲方一次性支付广告基金人民币 _____ 元（大写：_____ ）；当广告基金低于 _____ 元时，乙方应当在收到甲方通知之日起三日内补足广告基金。

第十三条 特许权使用

费特许权使用费支付方式（二选一）

☐ 13.1 方式一：

13.1.1 乙方应当每年/季度向甲方支付年度/季度特许权使用费人民币元（大写：_____ ）。

13.1.2 乙方应当在加盟店开业前提前日向甲方支付第一年/季度的特许权使用费；并于年度/季度特许权使用费到期前提前日向甲方支付下一年/季度的特许权使用费。

☐ 13.2 方式二：

13.2.1 乙方应当按照加盟店☐当月/☐当年营业额的 _____ %向甲方支付特许

权使用费。

13.2.2 甲乙双方于每月 ＿＿＿＿ 日／每年的月 ＿＿＿＿ 日结算上一个月／上一年的特许权使用费。

第十四条　履约保证金

14.1 乙方在本合同签订之日起 ＿＿＿＿＿ 日内向甲方支付人民币 ＿＿＿＿＿ 元（大写：＿＿＿＿＿）作为履约保证金，以保证本合同完全正当履行。

14.2 遇乙方欠款不付或本合同约定的任何违约情形，甲方可从履约保证金中抵充，不足部分，仍有权要求乙方继续偿付。乙方应在收到甲方书面通知后 ＿＿＿＿ 日内补足履约保证金。

14.3 在甲方从履约保证金中抵充乙方应向甲方支付的违约金或欠款时，甲乙双方应当签订谅解备忘录，载明抵充原因、金额以及乙方补足履约保证金的期限。在乙方补足履约保证金并且本合同继续履行的情况下，视为甲方已经放弃因乙方本次违约而可能存在的合同解除权。

14.4 在履约保证金足以抵充乙方应向甲方支付的违约金或欠款仍有剩余，并且合同同时终止的情况下，甲方应当自乙方履行合同义务（除保密和知识产权保护义务外）完毕后日内将剩余部分履约保证金无息返还给乙方。

14.5 在乙方完全正当履行本合同并且合同终止不再续签的情况下，甲方应当自乙方履行合同义务（除竞业限制、商业秘密和知识产权保护义务外）完毕后 ＿＿＿＿＿ 日内将全部履约保证金无息返还给乙方。

第十五条　其他约定的费用

甲乙双方可另行书面约定其他费用作为特许经营费用。

第十六条　特许经营费用的支付

16.1 本节所述之特许经营费用采用以下方式支付：

☐　现金。

☐　支票。

☐　银行转账。

☐　其他：＿＿＿＿＿＿＿＿＿＿＿＿＿＿＿＿。

16.2 甲方指定收款账户如下：

户　　名：＿＿＿＿＿＿＿＿＿＿＿＿＿。

账　　号：＿＿＿＿＿＿＿＿＿＿＿＿＿。

开户行：＿＿＿＿＿＿＿＿＿＿＿＿＿。

第六节　陈述和保证

第十七条　甲方向乙方陈述和保证如下：

17.1 甲方是依法成立并有效存续的企业法人。

17.2 甲方合法拥有"C品牌"特许经营体系，有权授予本合同项下的特许经营权。

17.3 甲方具备向乙方提供持续性培训和支持的服务能力。

17.4 甲方具备签订本合同的权利能力和行为能力，本合同一经签订即对甲方构成具有法律约束力的文件。

17.5 甲方在本合同中承担的义务是合法有效的，其履行不会与甲方承担的其他合同义务相冲突，也不会违反中国的法律法规和其作为合同的一方的或对其有约束力的其他合同。

17.6 甲方在订立本合同之日前30日，按照《商业特许经营管理条例》和《商业特许经营信息披露管理办法》向乙方披露的商业特许经营相关信息是完整、真实的，并且没有隐瞒相关信息。

17.7 其他陈述和保证：＿＿＿＿＿＿＿＿＿＿＿＿＿＿＿＿＿＿＿＿＿＿＿。

第十八条　乙方向甲方陈述和保证如下：

18.1 乙方是具备完全民事行为能力的自然人或依法成立并有效存续的个体工商户、企业或其他经济组织。

18.2 乙方有能力获得本合同约定的加盟店店址的所有权或合法使用权。

18.3 乙方具有履行本合同必须的资金、人员等资源。

18.4 乙方具备签订本合同的权利能力和行为能力，本合同一经签订即对乙方构成具有法律约束力的文件。

18.5 乙方在本合同中承担的义务是合法有效的，其履行不会与乙方承担的其他合同义务相冲突，也不会违反中国的法律法规和其作为合同的一方的或对其有约束力的其他合同。

18.6 其他陈述和保证：＿＿＿＿＿＿＿＿＿＿＿＿＿＿＿＿＿＿＿＿＿。

第七节　竞业限制

第十九条　竞业限制

19.1 乙方在本合同终止后＿＿＿＿＿＿年内，不得自己经营或与他人合作经营或投资与本合同相同或类似的业务。

19.2 乙方在本合同终止后＿＿＿＿＿＿年内，不得在从事与本合同相同或类似业务的企业或其他组织任职或兼职。

第八节　商业秘密和知识产权保护

第二十条　商业秘密保护

20.1 在本合同有效期内及终止后，保密人未经甲方书面同意，不得披露、使用或允许他人使用其所掌握的甲方的商业秘密。

20.2 乙方承诺采取必要的防范措施，保护甲方披露的信息资料。

20.3 乙方应当与其员工、股东等因经营加盟店而获取商业秘密的人员签订《保密协议》，以保证甲方的商业秘密不被他人泄露。

20.4 甲乙双方如未签订本合同或本合同未生效，不论原因如何，双方承诺对对方披露的所有信息承担保密义务。

第二十一条　知识产权保护

21.1 甲方知识产权范围包括："C 品牌"体系下的商标、商号、企业标志、专有技术、著作权等知识产权。

21.2 乙方只能在本合同约定的范围内使用甲方的上述知识产权，乙方负有在履行本合同期间对上述知识产权的保护义务。

21.3 本合同有效期内，甲方拥有的知识产权超过法定保护期的，乙方对上述知识产权不负保护义务。

21.4 乙方经甲方同意基于上述知识产权所开发的新的知识产权，其所有权归属应当依照相关知识产权法律确定或者双方另行约定。

21.5 未经甲方同意，乙方擅自基于上述知识产权所开发的新的知识产权，其所有权归甲方所有，且甲方不对乙方做出补偿。

第二章　双方的权利和义务

第一节　甲方的权利和义务

第二十二条　甲方的权利

22.1 为确保甲方特许经营系统的统一性和产品服务质量的一致性，甲方有权对加盟店的经营活动进行督导。

22.2 甲方有权向乙方收取本合同规定的各种费用。

22.3 甲方有权在乙方加盟店所在区域进行本合同项下服务品牌的宣传推广。

22.4 甲方有权制订特许经营产品或服务的全国／区域统一价格／指导价。

22.5 甲方有权对乙方的服务质量等情况进行检查、核对，但不得干扰乙方的正常经营。

22.6 甲方有权对特许经营产品的结构进行调整。

22.7 甲方有权制定、修改企业识别系统、完善经营管理资料、升级系统软件，并要求乙方按照规定统一使用。

22.8 甲方提供给乙方的相关资料、软件等知识产权归甲方所有。

22.9 甲方有权根据市场的经营情况决定培训的内容和方式。

22.10 其他：_____。

第二十三条　甲方的义务

23.1 提供所代表特许经营体系营业象征的书面资料。

23.2 根据本合同的规定向加盟店传授实施本合同内容的方法及技巧。

23.3 为乙方提供开业前的培训和教育，指导、协助乙方做好开店准备。

23.4 在本合同有效期内，为加盟店持续提供经营指导、技术或培训服务。

23.5 甲方应按照本合同的规定，对特许经营系统进行推广宣传，维护该系统整体形象。

23.6 根据本合同，需要甲方提供物品、设备的，有及时向乙方提供的义务。

23.7 在本合同有效期内，甲方应为加盟店的经营管理人员提供不少于　次的技术/经营管理培训机会，并由甲方通知具体培训的日期、地点及培训方式。

23.8 甲方应按照本合同约定提供服务或经营指导。除本合同约定或者《特许经营操作手册》规定外，甲方不得干预加盟店的日常经营管理。

23.9 甲方应当对乙方披露《商业特许经营信息披露管理办法》规定的信息，并保证披露的信息具有真实性及完整性。

第二节　乙方的权利和义务

第二十四条　乙方的权利

24.1 乙方有权在本合同约定的期限和核准地点行使特许经营权，使用甲方的特许经营资源。

24.2 乙方有权在本合同有效期内获得甲方提供"C品牌"业务的专有技术，有权要求甲方传授实施本合同内容的方法及技巧。

24.3 乙方有权接受甲方按本合同规定所提供的业务培训和指导。

24.4 除需向甲方交纳本合同约定的费用外，有权拒绝向甲方交纳其他费用。

24.5 甲方的经营情况发生重大变化，乙方有知情权。

24.6 其他：_____。

第二十五条　乙方的义务

25.1 乙方应按照本合同规定及时向甲方支付相关费用。

25.2 加盟店的装潢、设置应符合甲方的要求，并拍摄照片交甲方备案。

25.3 乙方不得在加盟店中经营非甲方同意的服务及商品。

25.4 乙方应按照约定将其账册、纳税申报资料与记录提供甲方审计。

25.5 加盟店的经营行为必须符合本合同和《特许经营操作手册》中的规定及国家的法律法规，在本合同有效期内保持其经营、资质证书、注册登记文件及执照合法有效。

25.6 乙方应于计划刊登、出版或推出广告之前 _____ 天将其制作的一切广告或推销资料提交甲方审查，经甲方审核同意后方可发布。

25.7 乙方在发现他人有对甲方的相关知识产权侵权行为的事实存在时，应立即通知甲方。并为甲方提供必要的协助。

25.8 其他：_____。

第三章　加盟店的设立与开业

第二十六条　为行使甲方授予的特许经营权，乙方应当设立加盟店，并按照法律、法规的规定办理注册手续。

第一节　设立加盟店的形式

第二十七条　乙方设立加盟店仅采用"个体工商户"、"个人独资企业"或经甲方书面同意的其他形式。加盟店视为乙方本身，享有本合同约定的权利，承担本合同约定的义务。

第二十八条　经甲方书面同意，乙方设立加盟店采取合伙企业或公司形式的，则乙方应当在加盟店证照、资质办理完成后向甲方提交营业执照及相关资质复印件备案，并由加盟店本身及加盟店的合伙人、股东向甲方承诺遵守本合同的约定。

第二节　加盟店设立时间和开业条件

第二十九条　乙方应当保证在本合同订立后 _____ 个月内，加盟店符合开业条件。

第三十条　加盟店的开业条件为：

30.1 加盟店完成设立，取得营业执照。加盟店经营的产品或服务属于国家法律法规规定经批准方可开展经营的产品或服务的，取得相关批准文件。

30.2 加盟店装修符合甲方的要求。

30.3 乙方已按本合同履行开业前所有义务。

30.4 加盟店符合《特许经营操作手册》规定的运营标准。

第四章　加盟店的运营

第一节　特许经营体系运营标准

第三十一条　乙方认可甲方"C品牌"特许经营体系的商业价值并承诺遵守甲方特许经营体系的标准。

第三十二条　特许产品的采购

32.1　除特许经营产品及为保证特许经营品质必须由甲方或者甲方指定的供应商提供的货物外，对于其他货物，甲方可以规定其应当达到的质量标准，提出若干供应商供乙方选择。双方另有约定的除外。

32.2　乙方向甲方或其指定供应商采购特许经营产品，甲方或其指定供应商须将特许经营产品的种类、规格、价格等明细提前发送乙方，以便乙方采购货物。若特许经营产品发生调整或缺货、断货，甲方或其指定供应商应当及时通知乙方，以免影响加盟店的正常经营。

32.3　订货流程：＿＿＿＿＿＿＿＿＿＿＿＿＿＿＿＿＿＿＿＿＿＿

32.4　发货流程：＿＿＿＿＿＿＿＿＿＿＿＿＿＿＿＿＿＿＿＿＿＿

32.5　验货流程：＿＿＿＿＿＿＿＿＿＿＿＿＿＿＿＿＿＿＿＿＿＿

32.6　换货、退货流程：＿＿＿＿＿＿＿＿＿＿＿＿＿＿＿＿＿＿

32.7　货款及物流结算：＿＿＿＿＿＿＿＿＿＿＿＿＿＿＿＿＿＿

32.8　甲方或其指定供应商应对所提供的特许产品质量负责，如因质量问题造成乙方损失的，甲方或其指定供应商应承担赔偿责任；乙方因此向第三方赔付的，有权向甲方追偿。甲方或其指定供应商对其指定供应商的产品质量承担保证责任。

第三十三条　设备采购

33.1　乙方向甲方或其指定供应商采购设备，甲方或其指定供应商应当提前将设备的种类、规格、用途、价格等内容发送乙方。

33.2　甲方或其指定供应商应当保证配送的设备符合国家安全标准，并配有合格证、说明书等资料。

33.3　甲方或其指定供应商应当负责设备的安装工作，并指导乙方安全使用设备。若乙方因操作不当引发安全事故，则乙方应当自行承担事故责任；若乙方按照甲方或其指定供应商的要求安装使用设备，但因该设备不符合质量标准而引起的安全事故，乙方因此向第三方赔付的，有权向甲方或其指定供应商追偿。

33.4　甲方应当在收到乙方要求维修设备通知之日＿＿＿＿＿＿日内安排人员或通知供应商进行维修。维修累计＿＿＿＿＿＿次不能排除设备故障的，甲方或其指定供应商应负责为乙方更换新设备。

第三十四条　加盟店的装修和维护

34.1 乙方应当按照甲方的设计方案和甲方的指示进行装修，并在加盟店外添附特许经营标识。未经甲方事先书面同意，乙方不得添附其他任何经营标识。装修完成后，乙方需拍摄现场照片交甲方备案。

34.2 加盟店经营过程中，乙方不得擅自改变加盟店的装修风格、特许经营标识等。

34.3 乙方应确实保养店铺建筑、设备及其他营业使用的一切物品，以维护特许经营体系的整体形象。

34.4 乙方应经常清洗、检查加盟店外观、养护内外装饰、设备和其他用品，使之保持清洁和完备状态。

34.5 在不影响加盟店经营的前提下，甲方可随时派督导员进入加盟店检查店铺、设备及其他用具的保养情况。

第三十五条　特许经营产品规范

35.1 未经甲方事先书面许可，乙方不得在加盟店以外的任何地点开设或授权开设分店、办事处、专柜、销售点或其他任何方式销售特许经营产品。

35.2 乙方销售特许经营产品应当遵循甲方指定的零售价，不得擅自降低或抬高零售价。

35.3 加盟店增售不属于甲方授权的特许经营产品，须事先向甲方提出书面申请，并经甲方书面同意。

35.4 乙方不得销售不符合国家标准的特许经营产品，若因乙方原因发生产品质量问题，乙方应当承担全部责任。

35.5 若因甲方配送的特许经营产品存在质量问题，乙方因此向第三方赔付的，有权向甲方追偿。

第三十六条　服务规范

36.1 乙方提供的服务应当符合《特许经营操作手册》的规定。

36.2 前款所说的"服务"包括但不限于产品质量、服务水平、宣传、促销、员工管理、财务管理、设备保养、店面清洁的要求、设备和用具的清洁要求、营业日和营业时间、工作装、工号牌、与消费者的关系、服务和质量保证承诺、监督电话号码的公布等。

第二节　监督与检查

第三十七条　为确保特许经营体系的统一性和产品、服务质量的一致性，甲方有权对加盟店的经营活动进行监督，有权设置监督电话。

第三十八条　甲方有权进入加盟店对其经营活动进行监督和检查，但不得干扰乙方的正常经营。

第三十九条 消费者投诉及处理

39.1 消费者直接投诉加盟店的，乙方应当及时处理，对造成消费者权益损害的，应当及时采取补救措施。

39.2 消费者向甲方投诉乙方加盟店的，对确有瑕疵且甲方已直接向消费者偿付的，甲方有权向乙方追偿。

第三节 广告和促销

第四十条 甲方可根据市场需要开展全国性或区域性的广告和促销活动。甲方推出与乙方相关的广告宣传活动之前，应将有关活动资料书面通知乙方。

第四十一条 乙方应积极配合甲方开展的全国性或区域性的广告和促销活动。

第四十二条 甲方有权按照本合同约定收取广告基金。

第四十三条 甲方可要求乙方在加盟店内张贴统一形象的海报及宣传品。

第四十四条 乙方可自行策划并实施针对授权区域内市场特点的广告宣传，但应当于计划刊登、出版或推出广告之前 _____ 天将其制作的一切广告或推销资料提交甲方审查，若甲方发现乙方的广告宣传内容违反本合同约定或法律、法规的规定，则甲方有权责令乙方修改宣传内容后方可发布。

第四节 培训与指导

第四十五条 在加盟店开业前，甲方应组织开业培训，乙方应自行或指派管理人员参加开业培训，掌握加盟店经营的相关知识和技术。培训共 _____ 天，由甲方通知日期和地点。

第四十六条 甲方可定期或不定期组织乙方进行再培训，以巩固乙方相关知识和技术，提高加盟店产品质量和服务质量。

第四十七条 在本合同有效期限内，甲方可组织加盟店服务技术交流，以促进加盟店的产品质量、服务质量和经营业绩。

第四十八条 在本合同签订前，甲方向乙方提供下列指导：

48.1 指导乙方对目标市场的调查研究。

48.2 向乙方提供包括安排场地装修和产品展示在内的说明。

48.3 向乙方提供示范的装修资料，当发现加盟店装修不符合装修资料要求时，可要求乙方进行改动。

第四十九条 在本合同有效期内，甲方应持续地对加盟店提供开展特许经营所必需的营销、服务或技术上的指导，并向加盟店提供必要的协助。

第五十条 根据乙方实际需要和申请，甲方可向乙方派驻技术和管理人员。具体事宜由双方另行协商。

第五节　店址的变更

第五十一条　如因环境变化或加盟店店铺使用权的变化需要变更加盟店店址的，乙方应向甲方提出变更店址申请。由于加盟店店址的变更涉及特许经营体系分布等因素，乙方同意甲方对是否允许变更享有完全的决定权。

第五十二条　甲方允许变更加盟店店址的，乙方应当自甲方指定日起停止原店址的一切经营，拆除原店址所有特许经营标识，并办理相关工商变更登记手续。

第五十三条　甲方允许乙方变更加盟店店址的，原合同继续履行。

第五章　合同履行

第五十四条　甲乙双方应当按照约定全面履行各自的义务，遵循诚实信用原则，根据合同的性质、目的、约定和交易习惯履行通知、协助、保密的义务。

第五十五条　甲乙双方应当本着善意解释和履行本合同，应当尽其全力，表明其谨慎、忠实。

第六章　合同的变更、转让及解除

第一节　合同的变更、转让

第五十六条　甲方与乙方经协商一致，可变更本合同相关条款。

第五十七条　甲方经乙方事先书面同意，可将本合同项下的全部或部分权利、义务转让给第三方，且应保证第三方无条件接受并承诺继续履行本合同项下的所有条款。

第五十八条　乙方经甲方事先书面同意，可将本合同项下的全部或部分权利、义务转让给第三方，但应保证第三方无条件接受并承诺继续履行本合同项下的所有条款。

第五十九条　合同转让后，乙方仍应当遵守本合同关于竞业限制、商业秘密和知识产权保护义务的约定。

第二节　合同的解除

第六十条　甲乙双方协商一致，可以解除本合同。本合同有解除条件约定的，当解除条件成就时，解除权人可以解除合同。

第六十一条　合同解除不影响合同中清算、清理、违约责任、竞业限制、商业秘密和知识产权保护义务、合同终止后当事人的义务等条款的效力。

第六十二条　本合同签订之日起 ＿＿＿＿ 日内，乙方有权单方解除本合同。

第六十三条 甲方违反《商业特许经营管理条例》的相关规定，隐瞒有关信息或者提供虚假信息的，致使本合同目的无法实现的，乙方有权单方解除本合同。

第六十四条 甲方违反本合同约定的，乙方有权书面通知其更正，甲方应在接到通知后日内更正，逾期未更正的，乙方有权单方解除本合同。

第六十五条 乙方违反本合同约定的，甲方有权书面通知其更正，乙方应在接到通知后日内更正，逾期未更正的，甲方有权单方解除本合同。

第六十六条 合同一方单方解除合同不妨碍其要求追究违约责任或损害赔偿的权利的行使。

第七章 合同终止后的义务

第六十七条 有下列情形的，本合同终止：

67.1 合同到期且双方未续期。

67.2 甲方或乙方进入破产或自行清算程序。

67.3 乙方死亡或丧失民事行为能力，注销或被吊销营业执照。

67.4 合同解除。

67.5 法律规定的其他情形。

第六十八条 本合同终止后，乙方应立即停止使用甲方的注册商标、特许标识及其他与特许经营体系有关的任何标识，以及甲方的任何经营资源。

第六十九条 乙方使用甲方注册商标相同或类似的文字作为加盟店字号的，应在本合同终止前向原登记部门申请名称变更或者注销登记。

第七十条 本合同终止后，除甲方接收外，乙方应按甲方要求撤换营业地所有特许经营体系特有的内外部设计、装修、装饰、颜色配置、布局、家具、设备，清除注册商标、特许标识及其他与特许经营体系有关的任何标识。

第七十一条 乙方应在本合同终止之日起日内向甲方付清本合同约定的所有应付费用。

第七十二条 本合同终止后，若仍有剩余特许经营产品未销售，且剩余产品完好无损、尚在保质期内、不影响再次使用或销售的，则按照以下方式处理：

□甲方以原售价回购；

□乙方自行处理；

□其它方式：_____。

第七十三条 本合同终止后，若加盟店的设备仍在使用年限内，乙方可自行处理。

第七十四条 合同终止不影响合同中清算、清理、违约责任、竞业限制、商业秘密和知识产权保护、合同终止后当事人的义务等条款的效力。

第八章　违约责任

第七十五条　因本合同第六十五条原因导致本合同解除的，甲方有权要求乙方支付违约金　　元，若造成甲方损失，且损失高于违约金的，则甲方还有权要求乙方赔偿损失。

第七十六条　乙方逾期支付本合同项下的任何款项，应按每天逾期款项的 ＿＿‰ 支付违约金。逾期支付达 ＿＿ 日的，甲方还有权解除本合同。

第七十七条　由于乙方的过错对第三方造成侵权或其他经济损失，则乙方应当自行承担赔偿责任。如甲方对外偿付的，则可向乙方进行追偿。

第七十八条　乙方未履行或未完全履行合同终止后的义务的，甲方有权要求其履行义务，并有权要求其赔偿因此造成的损失。

第七十九条　因本合同第六十四条原因导致本合同解除的，乙方有权要求甲方支付违约金 ＿＿ 元，若造成乙方损失，且损失高于违约金的，则乙方还有权要求甲方赔偿损失。

第九章　法律适用及争议解决

第八十条　本合同适用中华人民共和国法律、法规和规章。

第八十一条　如果产生有关本合同的成立、效力、履行、解释、终止等争议，甲方与乙方应协商解决，协商不成的，合同双方当事人可选择以下任何一种方式解决：

□交由 ＿＿ 仲裁委员会裁决。

□向 ＿＿ 人民法院提起诉讼。

第十章　不可抗力

第八十二条　任何一方由于不可抗力且自身无过错造成的部分或全部不能履行本合同的义务将不视为违约，但应在条件允许下采取必要的补救措施，以减少不可抗力造成的损失。

第八十三条　遇有不可抗力的一方，应尽快将事件的情况以书面形式通知对方，并在事件发生的合理时间内，提交不能履行或者部分不能履行本合同以及需要延期履行的理由的证明。

第八十四条　因不可抗力影响合同的履行的，双方可协商采取相应补救措施。因不可抗力致使不能实现合同目的的，合同一方可通知对方解除合同。

第八十五条　不可抗力是指不能遇见、不能避免并不能克服的客观情况，包括以下方面：

85.1 政变、骚乱、宣布或未宣布的战争、战争状态、封锁、禁运、政府总动员。

85.2 地震、水灾、瘟疫、公共卫生事件等自然因素所致的事件。

85.3 双方同意的其他不可抗力事件。

第十一章　附则

第八十六条　甲乙双方的通讯信息及送达

86.1 甲方的通讯信息

联系人：_____　电话：_____

通讯地址：_____　邮编：_____

邮箱：_____　传真：_____

微信号：_____QQ：_____

86.2 乙方的通讯信息

联系人：_____　电话：_____

通讯地址：_____　邮编：_____

邮箱：_____　传真：_____

微信号：_____QQ：_____

86.3 任何一方变更通讯信息，应自变更之日起 5 日内以书面形式通知对方。否则，由未通知方承担由此而引起的相应责任。

86.4 以邮寄形式表达的通知，以签收之日视为送达。

86.5 以邮件、传真、微信、QQ 形式表达的通知，以接收信息之日视为送达。

第八十七条　本合同未尽事宜由甲乙双方平等友好协商，另行订立补充协议，补充协议与本合同具有同等法律效力。补充协议与本合同有冲突的，以补充协议约定为准。

第八十八条　本合同部分条款的无效，不影响其他条款及本合同的效力。双方当事人同意，如果可能，将根据当事人之间存在的基本关系尽可能客观和诚信地用能够反映双方意愿的条文替换被宣告无效的条文。

第八十九条　任何一方未按本合同部分条款行使其权利不应解释为其放弃了其他条款约定的权利。

第九十条　双方确认，在签署本合同之前，确定双方权利义务应以本合同规定内容为准。双方均当面全文通读，双方均已充分注意和理解本合同所有条款，对本合同文字合格内容均无疑义。

第九十一条　本合同自双方签字或盖章之日起生效，一式两份，双方各执一份，具同等法律效力。

　　以下无合同正文。

　　甲方：　　　　　　　　　　　　乙方：

　　法定代表人／授权代表签字：　　　法定代表人／负责人签字：

　　　　　年　月　日　　　　　　　　　　年　月　日

附件一：甲方营业执照副本复印件；

附件二：乙方营业执照副本复印件或身份证复印件；

附件三：经营资源许可使用授权书

许可人：

被许可人：

一、许可权利基本情况：_____ 系许可人合法注册 / 申请注册 / 享有使用权及再许可使用权的商标 / 专利 / 登记的著作权，注册号 / 申请号 / 专利号 / 登记号为_____ 号，核定使用商标（服务）类别为第 _____ 类 / 专利类型 / 著作权类型为 _____。

二、许可期限：自 _____ 年 _____ 月 _____ 日始至 _____ 年 _____ 月 _____ 日止。

三、许可范围：许可人将本授权书所涉商标 / 专利 / 著作权授权被许可人在位于 _____ 的加盟店内使用。

四、授权权限：许可人许可被许可人使用上述商标 / 专利 / 著作权，同时，被许可人不得再许可第三方使用上述商标 / 专利 / 著作权。

五、甲乙双方签订的《商业特许经营合同》提前终止，则本授权书提前终止；《商业特许经营合同》续约，则本授权书续期，续期期限与《商业特许经营合同》续约期限一致。

许可人：   被许可人：

法定代表人：   法定代表人 / 负责人：

　年　月　日   　年　月　日

附件四：加盟店店址确认书

_____：

　　鉴于本人／单位与你司于 _____ 年 _____ 月 _____ 日共同签订《商业特许经营合同》，经选址，本人／单位最终选定 _____ 省 _____ 市县（区）_____ 为最终店址。

　　请予以确认！

申请确认人：

年　月　日

_____

_____

□同意

□不同意，理由：_____

法定代表人／授权代表：

年　月　日

附件五：《商圈保护区域附图》

（粘贴线）　　　　　　　　　　　　　　　　（骑缝章加盖处）

《商业特许经营合同》单店通用版起草单位：

中国连锁经营协会

北京安博律师事务所

北京大成律师事务所

北京市康达律师事务所

北京市浩天信和律师事务所

杭州市中伦律师事务所

如家酒店连锁（中国）有限公司

汉堡王（中国）投资有限公司

北京福奈特洗衣服务有限公司

北京埃菲特国际特许经营咨询服务有限公司

名创优品（广州）有限责任公司

深圳百果园实业（集团）股份有限公司

中文未来教育科技（北京）有限公司

上海阑途信息技术有限公司

附录二：《商业特许经营管理条例》

第一章 总则

第一条 为规范商业特许经营活动，促进商业特许经营健康、有序发展，维护市场秩序，制定本条例。

第二条 在中华人民共和国境内从事商业特许经营活动，应当遵守本条例。

第三条 本条例所称商业特许经营（以下简称特许经营），是指拥有注册商标、企业标志、专利、专有技术等经营资源的企业（以下称特许人），以合同形式将其拥有的经营资源许可其他经营者（以下称被特许人）使用，被特许人按照合同约定在统一的经营模式下开展经营，并向特许人支付特许经营费用的经营活动。

企业以外的其他单位和个人不得作为特许人从事特许经营活动。

第四条 从事特许经营活动，应当遵循自愿、公平、诚实信用的原则。

第五条 国务院商务主管部门依照本条例规定，负责对全国范围内的特许经营活动实施监督管理。省、自治区、直辖市人民政府商务主管部门和设区的市级人民政府商务主管部门依照本条例规定，负责对本行政区域内的特许经营活动实施监督管理。

第六条 任何单位或者个人对违反本条例规定的行为，有权向商务主管部门举报。商务主管部门接到举报后应当依法及时处理。

第二章 特许经营活动

第七条 特许人从事特许经营活动应当拥有成熟的经营模式，并具备为被特许人持续提供经营指导、技术支持和业务培训等服务的能力。

特许人从事特许经营活动应当拥有至少 2 个直营店，并且经营时间超过 1 年。

第八条 特许人应当自首次订立特许经营合同之日起 15 日内，依照本条例的规定向商务主管部门备案。在省、自治区、直辖市范围内从事特许经营活动的，应当向所在地省、自治区、直辖市人民政府商务主管部门备案；跨省、自治区、直辖市范围从事特许经营活动的，应当向国务院商务主管部门备案。

特许人向商务主管部门备案，应当提交下列文件、资料：

（一）营业执照复印件或者企业登记（注册）证书复印件；

（二）特许经营合同样本；

（三）特许经营操作手册；

（四）市场计划书；

（五）表明其符合本条例第七条规定的书面承诺及相关证明材料；

（六）国务院商务主管部门规定的其他文件、资料。

特许经营的产品或者服务，依法应当经批准方可经营的，特许人还应当提交有关批准文件。

第九条 商务主管部门应当自收到特许人提交的符合本条例第八条规定的文件、资料之日起 10 日内予以备案，并通知特许人。特许人提交的文件、资料不完备的，商务主管部门可以要求其在 7 日内补充提交文件、资料。

第十条 商务主管部门应当将备案的特许人名单在政府网站上公布，并及时更新。

第十一条 从事特许经营活动，特许人和被特许人应当采用书面形式订立特许经营合同。

特许经营合同应当包括下列主要内容：

（一）特许人、被特许人的基本情况；

（二）特许经营的内容、期限；

（三）特许经营费用的种类、金额及其支付方式；

（四）经营指导、技术支持以及业务培训等服务的具体内容和提供方式；

（五）产品或者服务的质量、标准要求和保证措施；

（六）产品或者服务的促销与广告宣传；

（七）特许经营中的消费者权益保护和赔偿责任的承担；

（八）特许经营合同的变更、解除和终止；

（九）违约责任；

（十）争议的解决方式；

（十一）特许人与被特许人约定的其他事项。

第十二条 特许人和被特许人应当在特许经营合同中约定，被特许人在特许经营合同订立后一定期限内，可以单方解除合同。

第十三条 特许经营合同约定的特许经营期限应当不少于 3 年。但是，被特许人同意的除外。

特许人和被特许人续签特许经营合同的，不适用前款规定。

第十四条 特许人应当向被特许人提供特许经营操作手册，并按照约定的内容和方式为被特许人持续提供经营指导、技术支持、业务培训等服务。

第十五条 特许经营的产品或者服务的质量、标准应当符合法律、行政法规和国家有关规定的要求。

第十六条 特许人要求被特许人在订立特许经营合同前支付费用的，应当以书面形式向被特许人说明该部分费用的用途以及退还的条件、方式。

第十七条　特许人向被特许人收取的推广、宣传费用，应当按照合同约定的用途使用。推广、宣传费用的使用情况应当及时向被特许人披露。

特许人在推广、宣传活动中，不得有欺骗、误导的行为，其发布的广告中不得含有宣传被特许人从事特许经营活动收益的内容。

第十八条　未经特许人同意，被特许人不得向他人转让特许经营权。

被特许人不得向他人泄露或者允许他人使用其所掌握的特许人的商业秘密。

第十九条　特许人应当在每年第一季度将其上一年度订立特许经营合同的情况向商务主管部门报告。

第三章　信息披露

第二十条　特许人应当依照国务院商务主管部门的规定，建立并实行完备的信息披露制度。

第二十一条　特许人应当在订立特许经营合同之日前至少 30 日，以书面形式向被特许人提供本条例第二十二条规定的信息，并提供特许经营合同文本。

第二十二条　特许人应当向被特许人提供以下信息：

（一）特许人的名称、住所、法定代表人、注册资本额、经营范围以及从事特许经营活动的基本情况；

（二）特许人的注册商标、企业标志、专利、专有技术和经营模式的基本情况；

（三）特许经营费用的种类、金额和支付方式（包括是否收取保证金以及保证金的返还条件和返还方式）；

（四）向被特许人提供产品、服务、设备的价格和条件；

（五）为被特许人持续提供经营指导、技术支持、业务培训等服务的具体内容、提供方式和实施计划；

（六）对被特许人的经营活动进行指导、监督的具体办法；

（七）特许经营网点投资预算；

（八）在中国境内现有的被特许人的数量、分布地域以及经营状况评估；

（九）最近 2 年的经会计师事务所审计的财务会计报告摘要和审计报告摘要；

（十）最近 5 年内与特许经营相关的诉讼和仲裁情况；

（十一）特许人及其法定代表人是否有重大违法经营记录；

（十二）国务院商务主管部门规定的其他信息。

第二十三条　特许人向被特许人提供的信息应当真实、准确、完整，不得隐瞒有关信息，或者提供虚假信息。

特许人向被特许人提供的信息发生重大变更的，应当及时通知被特许人。

特许人隐瞒有关信息或者提供虚假信息的，被特许人可以解除特许经营合同。

第四章 法律责任

第二十四条 特许人不具备本条例第七条第二款规定的条件，从事特许经营活动的，由商务主管部门责令改正，没收违法所得，处 10 万元以上 50 万元以下的罚款，并予以公告。

企业以外的其他单位和个人作为特许人从事特许经营活动的，由商务主管部门责令停止非法经营活动，没收违法所得，并处 10 万元以上 50 万元以下的罚款。

第二十五条 特许人未依照本条例第八条的规定向商务主管部门备案的，由商务主管部门责令限期备案，处 1 万元以上 5 万元以下的罚款；逾期仍不备案的，处 5 万元以上 10 万元以下的罚款，并予以公告。

第二十六条 特许人违反本条例第十六条、第十九条规定的，由商务主管部门责令改正，可以处 1 万元以下的罚款；情节严重的，处 1 万元以上 5 万元以下的罚款，并予以公告。

第二十七条 特许人违反本条例第十七条第二款规定的，由工商行政管理部门责令改正，处 3 万元以上 10 万元以下的罚款；情节严重的，处 10 万元以上 30 万元以下的罚款，并予以公告；构成犯罪的，依法追究刑事责任。

特许人利用广告实施欺骗、误导行为的，依照广告法的有关规定予以处罚。

第二十八条 特许人违反本条例第二十一条、第二十三条规定，被特许人向商务主管部门举报并经查实的，由商务主管部门责令改正，处 1 万元以上 5 万元以下的罚款；情节严重的，处 5 万元以上 10 万元以下的罚款，并予以公告。

第二十九条 以特许经营名义骗取他人财物，构成犯罪的，依法追究刑事责任；尚不构成犯罪的，由公安机关依照《中华人民共和国治安管理处罚法》的规定予以处罚。

以特许经营名义从事传销行为的，依照《禁止传销条例》的有关规定予以处罚。

第三十条 商务主管部门的工作人员滥用职权、玩忽职守、徇私舞弊，构成犯罪的，依法追究刑事责任；尚不构成犯罪的，依法给予处分。

第五章 附则

第三十一条 特许经营活动中涉及商标许可、专利许可的，依照有关商标、专利的法律、行政法规的规定办理。

第三十二条 有关协会组织在国务院商务主管部门指导下，依照本条例的规定制定特许经营活动规范，加强行业自律，为特许经营活动当事人提供相关服务。

第三十三条 本条例施行前已经从事特许经营活动的特许人，应当自本条例施行之日起 1 年内，依照本条例的规定向商务主管部门备案；逾期不备案的，依照本条例第二十五条的规定处罚。

前款规定的特许人，不适用本条例第七条第二款的规定。

第三十四条 本条例自 2007 年 5 月 1 日起施行。

附录三：《商业特许经营备案管理办法》

第一条 为加强对商业特许经营活动的管理，规范特许经营市场秩序，根据《商业特许经营管理条例》（以下简称《条例》）的有关规定，制定本办法。

第二条 在中华人民共和国境内（以下简称中国境内）从事商业特许经营活动，适用本办法。

第三条 国务院商务主管部门及省、自治区、直辖市人民政府商务主管部门是商业特许经营的备案机关。在省、自治区、直辖市范围内从事商业特许经营活动的，向特许人所在地省、自治区、直辖市人民政府商务主管部门备案；跨省、自治区、直辖市范围从事特许经营活动的，向国务院商务主管部门备案。

商业特许经营的备案工作实行全国联网。符合《商业特许经营管理条例》规定的特许人，都应当通过政府网站进行备案（网址为 www.mofcom.gov.cn）。

第四条 任何单位或者个人对违反本办法规定的行为，有权向备案机关举报。

第五条 申请备案的特许人应当向备案机关提交以下材料：

（一）商业特许经营基本情况。

（二）中国境内全部被特许人的店铺分布情况。

（三）特许人的市场计划书。

（四）企业法人营业执照复印件或其他主体资格证明的复印件。

（五）与特许经营活动相关的商标权、专利权及其他经营资源的注册证书复印件。

（六）由设区的市级商务主管部门开具的符合《条例》第七条第二款规定的证明文件；直营店位于境外的，特许人应当提供直营店营业证明（含中文翻译件），并经当地公证机构公证和中国驻当地使领馆认证。

在 2007 年 5 月 1 日前已经从事特许经营活动的特许人不适用于上款的规定，但应当提交特许人与中国境内的被特许人订立的第 1 份特许经营合同。

（七）特许经营合同样本。

（八）特许经营操作手册的目录（须注明每一章节的页数和手册的总页数，对于在特许系统内部网络上提供此类手册的，须提供估计的打印页数）。

（九）国家法律法规规定经批准方可开展特许经营的产品和服务，须提交相关主管部门的批准文件。

（十）经法定代表人签字盖章的特许人承诺。

上述第（一）至（三）项材料直接在网上填报，第（四）至（十）项应当在网上提交便携文件格式（PDF）的电子版材料。

第六条　特许人应当在与中国境内的被特许人首次订立特许经营合同之日起的 15 天内向备案机关申请备案。在 2007 年 5 月 1 日前已经从事特许经营活动的特许人，应当自《条例》施行之日起 1 年内，依照本办法的规定向有关商务主管部门申请备案。

第七条　特许人的备案信息有变化的，应当自变化之日起 30 日内向备案机关申请变更。

第八条　特许人应当在每年 3 月 31 日前将其上一年度订立、撤销、续签与变更的特许经营合同情况向备案机关报告。

第九条　特许人应认真填写所有备案事项的信息，并确保所填写内容真实、准确和完整。

第十条　备案机关应当自收到特许人提交的符合本办法第五条规定的文件、资料之日起 10 日内予以备案，并在商务部网站予以公告。

特许人提交的文件、资料不完备的，备案机关可以要求其在 7 日内补充提交文件、资料。备案机关在特许人材料补充齐全之日起 10 日内予以备案。

第十一条　已完成备案的特许人有下列行为之一的，备案机关可以撤销备案，并在商务部网站予以公告：

（一）因特许人违法经营，被主管登记机关吊销营业执照。

（二）备案机关收到司法机关因为特许人违法经营而做出的关于撤销备案的司法建议书。

（三）特许人隐瞒有关信息或者提供虚假信息经查证属实的。

（四）特许人自行注销的。

第十二条　各省、自治区、直辖市人民政府商务主管部门应当将备案及撤销备案的情况在 10 日内反馈商务部。

第十三条　备案机关在完成备案手续的同时，应当完整准确地记录和保存特许人的备案信息材料，依法为特许人保守商业秘密。

第十四条　公众可通过商务部政府网站查询以下信息：

（一）特许人的企业名称及特许经营业务使用的注册商标、企业标志、专利、专有技术等经营资源。

（二）特许人的备案时间。

（三）特许人的法定经营场所地址与联系方式、法定代表人姓名。

（四）中国境内的被特许人营业地址。

第十五条　特许人未按照《条例》和本办法的规定办理备案的，由国务院商务主管部门及特许人所在地省、自治区、直辖市人民政府商务主管部门责令限期备案，处 1 万元以上 5 万元以下罚款；逾期仍不备案的，处 5 万元以上 10 万元以下罚款，并予以公告。

第十六条 特许人违反本办法第八条规定的，由备案机关责令改正，可以处 1 万元以下的罚款；情节严重的，处 1 万元以上 5 万元以下的罚款，并予以公告。

第十七条 境外特许人在中国境内从事特许经营活动，按照本办法执行。香港、澳门特别行政区及台湾地区特许人参照本办法执行。

第十八条 国家行业协会应协助政府主管部门做好企业备案工作，充分发挥行业协会的协调作用，加强行业自律。

第十九条 本办法由中华人民共和国商务部负责解释。

第二十条 本办法自 2007 年 5 月 1 日起实施。

附录四:《商业特许经营信息披露管理办法》

第一条　为维护特许人与被特许人双方的合法权益,根据《商业特许经营管理条例》(以下简称《条例》),制定本办法。

第二条　在中华人民共和国境内开展商业特许经营活动适用本办法。

第三条　本办法所称关联方,是指特许人的母公司或其自然人股东、特许人直接或间接拥有全部或多数股权的子公司、与特许人直接或间接地由同一所有人拥有全部或多数股权的公司。

第四条　特许人应当按照《条例》的规定,在订立商业特许经营合同之日前至少30日,以书面形式向被特许人披露本办法第五条规定的信息,但特许人与被特许人以原特许合同相同条件续约的情形除外。

第五条　特许人进行信息披露应当包括以下内容:

(一)特许人及特许经营活动的基本情况。

1.特许人名称、通讯地址、联系方式、法定代表人、总经理、注册资本额、经营范围以及现有直营店的数量、地址和联系电话。

2.特许人从事商业特许经营活动的概况。

3.特许人备案的基本情况。

4.由特许人的关联方向被特许人提供产品和服务的,应当披露该关联方的基本情况。

5.特许人或其关联方过去2年内破产或申请破产的情况。

(二)特许人拥有经营资源的基本情况。

1.注册商标、企业标志、专利、专有技术、经营模式及其他经营资源的文字说明。

2.经营资源的所有者是特许人关联方的,应当披露该关联方的基本信息、授权内容,同时应当说明在与该关联方的授权合同中止或提前终止的情况下,如何处理该特许体系。

3.特许人(或其关联方)的注册商标、企业标志、专利、专有技术等与特许经营相关的经营资源涉及诉讼或仲裁的情况。

(三)特许经营费用的基本情况。

1.特许人及代第三方收取费用的种类、金额、标准和支付方式,不能披露的,应当说明原因,收费标准不统一的,应当披露最高和最低标准,并说明原因。

2.保证金的收取、返还条件、返还时间和返还方式。

3. 要求被特许人在订立特许经营合同前支付费用的，该部分费用的用途以及退还的条件、方式。

（四）向被特许人提供产品、服务、设备的价格、条件等情况。

1. 被特许人是否必须从特许人（或其关联方）处购买产品、服务或设备及相关的价格、条件等。

2. 被特许人是否必须从特许人指定（或批准）的供货商处购买产品、服务或设备。

3. 被特许人是否可以选择其他供货商以及供货商应具备的条件。

（五）为被特许人持续提供服务的情况。

1. 业务培训的具体内容、提供方式和实施计划，包括培训地点、方式和期限等。

2. 技术支持的具体内容、提供方式和实施计划，包括经营资源的名称、类别及产品、设施设备的种类等。

（六）对被特许人的经营活动进行指导、监督的方式和内容。

1. 经营指导的具体内容、提供方式和实施计划，包括选址、装修装潢、店面管理、广告促销、产品配置等。

2. 监督的方式和内容，被特许人应履行的义务和不履行义务的责任。

3. 特许人和被特许人对消费者投诉和赔偿的责任划分。

（七）特许经营网点投资预算情况。

1. 投资预算可以包括下列费用：加盟费；培训费；房地产和装修费用；设备、办公用品、家具等购置费；初始库存；水、电、气费；为取得执照和其他政府批准所需的费用；启动周转资金。

2. 上述费用的资料来源和估算依据。

（八）中国境内被特许人的有关情况。

1. 现有和预计被特许人的数量、分布地域、授权范围、有无独家授权区域（如有，应说明预计的具体范围）的情况。

2. 现有被特许人的经营状况，包括被特许人实际的投资额、平均销售量、成本、毛利、纯利等信息，同时应当说明上述信息的来源。

（九）最近2年的经会计师事务所或审计事务所审计的特许人财务会计报告摘要和审计报告摘要。

（十）特许人最近5年内与特许经营相关的诉讼和仲裁情况，包括案由、诉讼（仲裁）请求、管辖及结果。

（十一）特许人及其法定代表人重大违法经营记录情况。

1. 被有关行政执法部门处以30万元以上罚款的。

2. 被追究刑事责任的。

（十二）特许经营合同文本。

1. 特许经营合同样本。

2. 如果特许人要求被特许人与特许人（或其关联方）签订其他有关特许经营的合同，应当同时提供此类合同样本。

第六条　特许人在推广、宣传活动中，不得有欺骗、误导的行为，发布的广告中不得含有宣传单个被特许人从事商业特许经营活动收益的内容。

第七条　特许人向被特许人披露信息前，有权要求被特许人签署保密协议。

被特许人在订立合同过程中知悉的商业秘密，无论特许经营合同是否成立，不得泄露或者不正当使用。

特许经营合同终止后，被特许人因合同关系知悉特许人商业秘密的，即使未订立合同终止后的保密协议，也应当承担保密义务。

被特许人违反本条前两款规定，泄露或者不正当使用商业秘密给特许人或者其他人造成损失的，应当承担相应的损害赔偿责任。

第八条　特许人在向被特许人进行信息披露后，被特许人应当就所获悉的信息内容向特许人出具回执说明（一式两份），由被特许人签字，一份由被特许人留存，另一份由特许人留存。

第九条　特许人隐瞒影响特许经营合同履行致使不能实现合同目的的信息或者披露虚假信息的，被特许人可以解除特许经营合同。

第十条　特许人违反本办法有关规定的，被特许人有权向商务主管部门举报，经查实的，分别依据《条例》第二十六条、第二十七条、第二十八条予以处罚。

第十一条　本办法由中华人民共和国商务部负责解释。

第十二条　本办法自2012年4月1日起施行。原《商业特许经营信息披露管理办法》（商务部令2007年第16号）同时废止。

参考文献

[1] 赵明晓. 特许加盟的理论与实践研究 [M]. 北京：九州出版社，2020.

[2] 马瑞光. 商业新突破：万利连锁 [M]. 北京：中华工商联合出版社，2020.

[3] 周悦丽. 特许经营合同规制研究 [M]. 北京：人民出版社，2019.

[4] 李晓民. 商业特许经营合同典型案例精选与注解 [M]. 北京：人民法院出版社，2019.

[5] 耿启俭. 连锁联盟：新零售时代实体店崛起之道 [M]. 北京：中国纺织出版社，2019.

[6] 樊登. 低风险创业：樊登的创业 6 大心法 [M]. 北京：人民邮电出版社，2019.

[7] 马瑞光，马涛. 连锁商业模式密码 [M]. 广州：广东经济出版社，2017.

[8] 孙陶然. 创业 36 条军规 [M]. 北京：中信出版社，2015.

[9] 马瑞光. 世界是连锁的 [M]. 深圳：深圳海天出版社，2013.

[10] 赵明晓. 连锁经营基础与实务 [M]. 三版. 大连：东北财经大学出版社，2020.